Restaurant Cost Management 외식원가관리

머리말

행복한 외식의 경험은 인간의 삶을 풍요롭게 한다. 근본적으로 외식업은 맛있는 음식과 정성이 담긴 서비스를 통해 고객에게 행복한 경험을 선사하는 사업이다. 외식사업자가 외식업의 운영을 통해 고객들에게 더 많은 행복감을 주려면 수익을 창출하여 사업을 지속할 수 있어야 한다. 이것은 너무나 당연한 이야기이지만 오늘날의 외식업이 당면한 상황을 들여다보면 성공적으로 외식업을 운영하기가 결코 쉽지 않고 실제로 외식업의 폐업률은 타 산업 대비 높은 수준이다. 어려운 경영 환경 속에서 외식업을 사업적으로 성공시키기 위해서 사업의 가장 기초가 되는 원가관리를 정확히 이해하는 것은 매우 중요하다.

외식산업은 식품제조업, 식품유통업 등 관련 산업과 함께 우리 사회에서 매우 중요한 위치를 차지하고 있다. 외식산업은 경제적 환경, 사회 · 문화적 환경, 기술적 환경, 법적 · 제도적 환경 변화에 많은 영향을 받고 있으며, 이러한 환경 변화는 외식업의 운영방식, 원가구조, 수익 창출 방법 등 많은 부분에 직접적으로 영향을 준다. 외식업을 운영하는 경영자와 종사자는 빠르게 변화하는 외식 환경 속에서 외식업의 원가관리 방안을 고민하고 새로운 수익 창출 방안을 찾아내야 한다.

외식산업 분야의 전문가에게 요구되는 원가관리 능력의 중요성에도 불구하고 원가관리는 복잡하고 어렵다는 인식이 많다. 수년간 대학에서 외식산업의 주역이 될 외식전문가를 양성하기 위해 학생들을 가르치면서 외식업 운영에 가장 기초가 되는 원가관리를 어떻게 가르칠 것인가에 대해 많은 고민이 있었고 그 고민의 결과로 이 책을 집필하게 되었다. 이 책에서는 학생들이나 외식업 종사자들이 원가관리의 기본 개념을 쉽게 이해할 수 있도록 하면서도 실무에서 적용할 수 있는 실질적인 내용으로 구성하려고 노력하였다.

이 책은 총 10장으로 구성되어 있다. 1~2장은 원가와 원가관리의 개념 및 중요성, 원가의 분류 및 구성을 다루어 원가에 대한 기본적인 이해를 돕기 위한 내용들로 구성하였다. 3~5장은 주요 외식원가인 식재료비와 인건비에 대한 내용을 설명하면서 식재료비를 이해하는 데 도움이 되는 수율 분석을 함께 다루었다. 6~8장은 매출관리, 손익분기점 분석, 메뉴 가격 결정의 내용을 구성하여 외식업에서 매출, 비용, 이익의 관계를 이해할 수 있도록 하였다. 9~10장은 외식기업 재무제표의 이해와 재무 분석 내용을 다루어 재무 정보를 통해 기업의 재무상태를 판단하는 능력을 키울 수 있도록 하였다.

이 책의 특징은 각 장에서 개념의 설명과 함께 필요한 경우 계산의 과정도 포함하여 이해도를 높일 수 있도록 하였고, 활동Activity을 통해 학습한 내용을 적용해 보는 연습을 할 수 있도록 구성했다는 점이다. 또한 읽을거리 코너를 통해 외식산업의 새로운 동향이나 추가적으로 알아두면 좋은 내용들을 담았다. 이 책이 대학에서 외식 분야를 공부하는 학생들과 현장에서 외식사업을 운영하는 경영자와 종사자에게도 원가관리를 이해하는 데 도움이 되었으면 하는 바람이다.

저자들이 급식・외식전문가로 성장할 수 있도록 큰 가르침을 주신 양일선 교수님께 감사드리고, 이 책의 기획부터 출간까지 아낌없이 후원해주신 파워북 김재광 상무님을 비롯한 직원 여러분께도 감사드린다. 긴 시간의 집필과정 동안 바쁜 아내와 엄마를 이해해 주고 응원해 준 가족들에게 깊은 사랑과 감사의 마음을 전한다.

2019년 9월
저자 일동

차 례

CHAPTER 1

원가의 이해

CHAPTER

1

학습목표

- 원가와 원가관리의 개념을 설명할 수 있다.
- 외식원가의 특징을 타 분야의 원가와 비교하여 차이점을 기술할 수 있다.
- 원가관리의 목적과 중요성을 설명할 수 있다.
- 업무단계별 원가 낭비요소를 나열할 수 있다.

외식업을 포함한 모든 사업business은 이익의 창출을 목적으로 한다. 이익이 창출되는 과정을 이해하기 위해서는 상품의 판매를 통해 발생하는 매출의 개념과 상품의 생산 및 판매과정에서 발생하는 원가의 개념을 이해해야 한다. 외식업의 관리자는 음식 생산을 위한 식재료의 구입단계부터 서비스 및 판매과정까지 모든 과정에서 발생하는 원가의 흐름을 정확하게 파악하고 분석할 수 있는 능력을 갖추어야 한다. 이 장에서는 원가의 개념, 외식원가의 특징, 원가관리의 목적 및 중요성, 외식업 업무단계에서의 원가 낭비요소 등을 다룰 것이다.

1. 원가와 원가관리의 개념

1) 원가의 개념

원가cost는 상품의 제조, 서비스, 판매를 위해 소비된 유·무형의 경제적 가치를 의미한다. 예를 들어, 외식업의 경우 음식을 만들기 위해서 필요한 식재료의 구입비, 음식을 만드

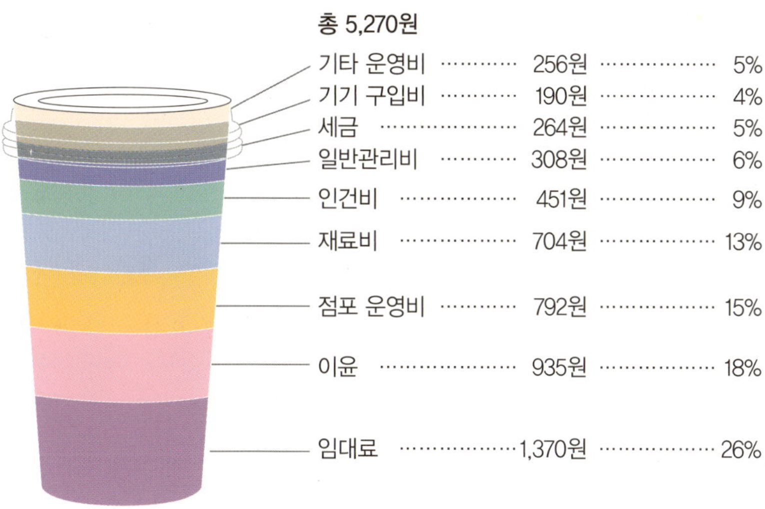

그림 1–1 카페라테 한 잔의 가격 구성(예시)

출처 : The wall street journal.

는 조리사의 인건비, 조리기기의 구입비와 그 조리기기를 작동시키기 위해 사용한 전기료 등 경비, 임대료 등 다양한 형태의 원가가 있을 수 있다.

카페라테 한 잔의 가격은 어떻게 구성되어 있을까? 커피원두와 우유 등 식재료비, 용기 구입비, 커피를 만드는 바리스타의 인건비, 커피기기 구입비와 운영비, 점포의 운영비, 점포 임대료 등의 원가에 커피전문점을 운영해서 얻는 이윤이 더해져서 가격이 결정된다.

원가에 대해 잘 이해하고 원가를 계산하고 분석하며 원가 절감방안을 고민하는 것은 단순히 더 많은 이윤을 남기기 위해서가 아니라 어떻게 하면 불필요한 원가요소를 최대한 절감하여 고객들에게 더 많은 가치를 제공할 것인가를 고민하는 과정이다.

2) 원가의 구성요소

원가의 구성요소는 호텔 및 외식 등 서비스업, 식품 등의 제조업, 유통업 등 산업 분야에 따라 다르게 나타날 수 있으며, 동일산업 내의 업체나 같은 업체 내의 영업장에 따라 차이가 날 수 있다. 일반적으로 재료비, 인건비, 경비로 분류될 수 있으며 이를 원가의 3요소라 한다.

- 재료비 : 제품을 제조하기 위하여 소비되는 식재료 원가**예 : 주요 재료비, 보조 재료비, 부품비 등**
- 인건비 : 제품을 제조하기 위하여 노동력을 소비함으로써 발생하는 원가**예 : 임금, 급료, 수당, 상여금, 퇴직금 등**
- 경비 : 재료비와 인건비를 제외한 일체의 비용을 소비함으로 인하여 발생하는 원가**예 : 전력비, 보험료, 가스비, 감가상각비 등**

외식업에서는 식재료비와 직접인건비가 운영비의 대부분을 차지하므로 이 두 가지를 주요 원가prime cost 또는 기초원가라고 한다.

읽을거리 외식업체 매출에서 주요 원가의 비중 살펴보기

2016년 국내 외식업체의 평균 연매출은 1억 6,275만 원으로 2015년 1억 3,698만 원과 비교하여 약 18% 증가하였으나, 2016년 평균 영업비용은 1억 2,332만 원으로 2015년 평균 영업비용 9,976만 원과 비교하여 약 24% 증가했으므로 국내 외식업체의 영업이익은 다소 감소한 것으로 나타났다. 총매출 중 원가 구성을 살펴보면 식재료비가 31%로 가장 높은 비율을 차지하고 있고 인건비가 16%로 그 다음 비중을 차지하고 있다. 식재료비와 인건비를 합하면 47%로 이 두 원가 구성요소가 주요 원가임을 알 수 있다.

(단위 : 만 원, %)

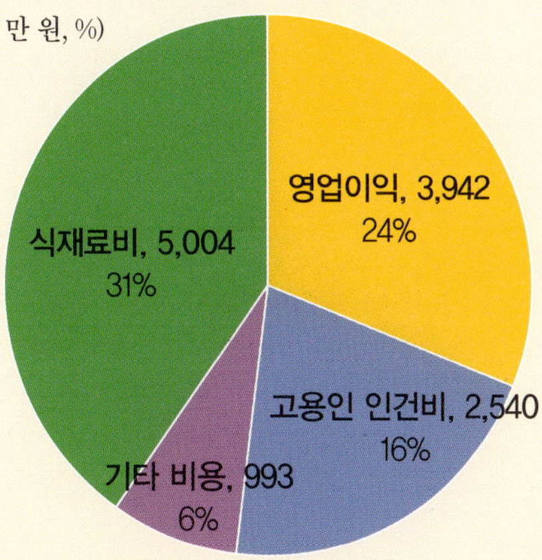

평균 매출	평균 영업비용
16,275	12,332

2016년 외식업체 경영성과 분석 총매출 구성 비중

출처 : 한국농수산식품유통공사(2017).

3) 원가관리의 개념

원가관리cost control는 모든 생산과정에서 발생하는 원가를 파악하고 원가목표와 실제 원가를 비교하여 각 단계의 효율을 평가하고 개선하는 경영활동을 의미하며, 다음의 내용을 포함한다.

- 원가에 대한 구분과 계산을 정확히 해야 한다.
- 관리 가능한 원가와 불가능한 원가를 구별해야 한다.
- 원가관리의 목표를 설정해야 한다.
- 표준원가와 실제원가를 비교하여 차이의 원인을 분석하고 개선책을 제시해야 한다.

원가관리를 숫자게임numbering game이라고도 한다. 원가관리에 쓰이는 숫자들은 회계자료에 활용되어 구체적인 수입과 지출상황을 파악할 수 있으며, 숫자들의 조합을 통해 과거와 현재의 비교나 평가자료로 활용될 수 있다. 숫자 분석을 통해 특정 기간, 시간 동안 어떤 일들이 있었는지 알 수 있다. 숫자에 대한 기록과 이해는 곧 관리기능을 가능하게 한다.

즉, 설정된 목표를 달성하는 과정에서 계획과 실제 간의 차이가 발생하며, 이를 줄이기 위한 노력인 원가관리를 통해 예상 수익을 기대하거나 조절할 수 있다. 따라서 지속적인 원가관리를 통해 외식업 업무단계에서의 낭비요소를 없애고 자원을 효율적으로 배분하여 이익을 개선하여야 하며, 효율적인 원가관리 시스템을 운영하기 위해서는 현장의 직원에서부터 경영자에 이르기까지 전사적으로 함께 노력해야 한다.

2. 외식원가의 특징

외식원가는 일반적인 상품이나 서비스의 원가와는 달리 독특한 특징을 갖는다. 다양한 종류의 음식을 주문에 의해 소량씩 생산하는 방식으로 사업이 운영된다는 점, 정확한 수요의 예측이 어렵다는 점, 원재료가 식재료이기 때문에 매일 가격이 변동하고 저장성이 낮다는 점, 최저임금 등 정부정책에 영향을 크게 받는다는 점 등 외식원가가 갖는 특징을 잘 이해하고 있어야 한다.

주문에 의한 다품종 소량 생산

일반적으로 외식업은 고객이 메뉴를 보고 음식과 음료를 주문하면 주문 이후에 음식을 만들어 서비스하는 방식으로 운영된다. 즉, 메뉴상에 나열된 음식을 만들기 위한 식재료가 모두 상시 준비되어야 차질없이 운영이 가능하다. 메뉴별 수요 예측을 제대로 하지 못하거나 메뉴 구성상 고객들이 자주 주문하지 않는 메뉴들이 너무 많이 포함되어 있을 경우 식재료원가의 손실을 초래하게 된다.

정확한 수요 예측의 어려움

원가관리를 정확하게 하기 위해서는 수요에 대한 예측이 정확해야 한다. 그러나 외식업의 경우 오늘 몇 명의 고객이 방문할지, 어느 메뉴를 얼마만큼 주문할지 정확한 수요 예측이 쉽지 않고 매일 변동한다. 따라서 고객 수나 메뉴별 주문 건수에 대한 자료를 축적하고 시간대별, 일별, 요일별, 월별 추이를 분석해서 계획 생산에 활용함으로써 최대한 원가의 손실을 피하는 것이 중요하다. 최근에는 POSPoint of Sales를 통해 이와 같은 자료를 축적하고 분석하는 것이 용이해졌으므로 POS자료를 잘 활용하는 것이 필요하다.

매일 변화하는 식재료비

외식업의 상품인 음식의 재료가 되는 식재료는 그 가격이 매일 변동한다. 서울시농수산식품공사 홈페이지http://www.garak.co.kr를 보면 식재료의 가격이 실시간 경매에 의해 변동하는 것을 볼 수 있다. 외식업의 원가 중 가장 높은 비중을 차지하는 식재료비의 변동 폭이 수확상황에 따라, 계절에 따라 차이가 있기 때문에 통상 재료비의 비율이 일정하게 유지되는 타 산업과는 다른 특성을 갖는다. 또한 식재료는 재고로 보관하는 데 한계가 있기 때문에 식재료관리가 제대로 이루어지지 않으면 원가 낭비가 발생하고 일정 수준의 식재료 비율을 유지하기가 어려워진다.

시간제 근로자의 고용

외식업은 노동집약적 산업으로 시간제 종사자를 많이 활용하는 업종이다. 시간제 종사자의 시급은 최저임금에 준해서 지불하게 되는데, 최저임금제도는 국가가 임금의 최저 수준을 정하여 저임금 근로자를 보호하는 제도이기 때문에 반드시 준수해야 한다. 최근 최

Activity 1-1 **원재료비, 임대료, 최저임금 인상 등 외식 3중고 '무인화'로 돌파한다.**

최저임금 인상으로 인건비 부담이 크게 늘어난 외식업계가 무인주문기기 키오스크를 적극적으로 도입하고 있다. 키오스크는 2017년 기준 2,500억 원 규모로 연평균 14% 증가했다. 키오스크는 1대당 300만~700만 원 수준으로 60개월 이상 사용 가능한 점을 감안하면 종업원 1인의 3개월분 임금 투자로 인건비 대비 12배 수준의 비용 효율성이 높아질 수 있다고 한 업계 관계자는 전했다.

키오스크 설치 현황을 살펴보면, 맥도날드는 4,200여 매장 중 절반 이상이, 롯데리아는 1,350여 매장 중 810개 점포에서 키오스크를 설치해 운영하고 있다. KFC는 201개 매장 중 50% 도입률을 보이고 있으며 연내 국내 전 매장 도입을 결정했고, 버거킹도 212곳의 전 직영 매장에 키오스크를 올해 안으로 설치한다는 계획이다.

서빙 로봇이 종업원 기능을 대신하는 곳도 있다. 한국 피자헛은 배달의 민족과 협업하여 서빙 로봇 '딜리 플레이트'를 시범 도입했으며, 달콤커피는 로봇카페 '비트'를 선보였는데, 이는 24시간 무인 운영이 가능하다. '비트'는 달콤커피 카페운영 노하우에 최첨단 로봇과 더불어 모바일 결제 서비스를 융합해 고효율 자동화 서비스로 공간 활용도를 높인 혁신적인 카페이다. 주문부터 결제까지 앱 이용이 가능한 스마트 카페를 표방하고 있다.

특히, 키오스크를 도입한 매장의 시간당 고객 주문 건수는 비도입 매장에 비해 30% 이상 달해 매장 회전율을 높이는 데에도 영향을 끼치므로 앞으로도 외식업계 키오스크 도입은 더욱 활발해질 것으로 전망된다.

외식업계 무인화기기 활용 사례

1. 외식업장의 무인화기기를 사용해 본 경험을 되돌아보며, 소비자 입장에서 편리했던 점과 불편했던 점을 생각해 보자.

2. 소비자와 운영자 입장에서 외식업장 무인화기기 도입 시의 장단점과 개선되어야 할 사항을 토의해 보자.

출처 : 식품음료신문(www.thinkfood.co.kr)(2018. 8. 28). 내용 저자 재구성.

저임금이 매년 10% 이상 지속적으로 인상되면서2017년 6,370원, 2018년 7,530원, 2019년 8,350원, 2020년 8,590원 인건비 비중이 커지는 결과를 초래하였다.

3. 원가관리의 목적 및 중요성

1) 원가관리의 목적

원가관리는 발생한 원가에 대한 숫자적인 자료들의 기록과 정리, 분석과 해석 등 많은 노력이 필요하다. 그러나 외식업의 경영에서 원가관리는 반드시 필요한 과정일 뿐 아니라 얼마나 많은 수익을 창출하고 지속적으로 성장할 수 있을지를 결정하기도 한다. 원가관리의 목적을 정리하면 다음과 같다.

- 재무제표 작성을 위한 자료 제공
- 의사결정을 위한 정보 제공
- 메뉴 가격결정을 위한 기초자료 제공
- 예산 편성과 통제를 위한 기초자료 제공
- 종업원과 조직의 효율성을 모니터링하는 도구

2) 원가관리의 중요성

외식업에서 이익을 증대시키기 위해서는 매출을 늘리는 방법과 지출되는 비용을 감소시키는 두 가지 방법이 있다. 외식업의 경쟁이 치열해지면서 매출을 증가시키기 어려운 상황에서 각종 원가의 증가는 수익성을 악화시키는 원인이 되고 있다. 다음은 우리나라 외식업에서 최근 겪고 있는 어려움이다.

- 식재료비 증가원산지 표시제, 농축산물 가격 상승, 유통 및 물류비 상승 등
- 인건비 증가최저임금 상승, 주 52시간 근무로 인한 전반적인 인건비 상승

• 임대료 상승상가 과잉 공급, 젠트리피케이션, 공시지가 인상 등

원가관리는 상품과 서비스의 품질을 유지하면서 원가를 최소화하기 위해 표준원가와 실제원가의 차이를 비교하여 차이가 나는 원인을 파악하고 불합리한 원가요소를 제거함으로써 수익을 극대화하고 합리적인 경영을 할 수 있도록 해 준다. 외식업의 경영환경이 어려워질수록 원가관리의 중요성은 더욱 커지게 된다.

4. 업무단계별 원가 낭비요소

외식업장이 운영되기 위해 필요한 주요 업무 프로세스를 단계적으로 구분해보면 메뉴 계획, 구매, 검수, 저장 및 출고, 전처리, 메뉴 주문, 조리, 서비스, 정산단계로 나눌 수 있다.

원가관리는 음식이 생산되고 서비스되는 모든 단계에서 이루어져야 한다. 외식업 업무 프로세스 흐름에 따라 각 단계에서 원가가 낭비될 수 있는 요소들을 살펴보면 다음과 같다.

1) 메뉴 계획

메뉴 계획단계에서 계절, 주방장비, 조리인력 및 고객 선호도를 고려하지 않는 메뉴를 기획하거나, 1인 분량, 인건비, 경비 등을 고려하지 않는 판매가를 책정하는 경우 원가가 낭비될 수 있다. 또한 상대적으로 원가가 높은 메뉴와 낮은 메뉴가 있으므로 이를 조합하여 전체 메뉴를 구성할 때 매장 운영 시 손실이 나지 않도록 메뉴별 원가를 고려해야 한다.

2) 구매

식재료 원가절감의 첫 단계는 식재료 구매이다. 생산자에서 소비자로 이동하는 유통단계가 많아질수록 단가는 높아지기 때문에 유통단계를 최소화하기 위한 산지 직거래 등의 방법을 이용할 수 있다. 또한 저장이 불가능한 식재료를 너무 많이 구매한다거나, 여러 구

매 조건을 검토하지 않고 높은 구매원가로 구입하게 될 경우에 원가가 낭비될 수 있다. 구매담당자는 표준구매명세서를 활용하여 구입할 식재료의 종류, 규격, 단가 등을 정확히 숙지하고 있어야 한다. 발주서에는 구입할 식재료의 종류, 규격, 구매량, 가격 등의 정보를 기입한 후 발주하며, 향후 발주서는 검수, 입고, 비용 지불의 단계에서 매우 중요한 서류이다. 구매 담당자의 윤리의식에서 벗어난 부정직한 행위로 인해 원가가 낭비될 수도 있다.

3) 검수

검수담당자는 입고된 식재료에 대해 주문한 대로 정확히 입고되었는지를 확인하기 위해 발주서와 공급자가 제시한 납품서를 대조해보며 식재료의 품질, 규격, 입고량과 가격 등을 확인한다. 구매한 식재료를 검수하는 과정에서 업무 미숙으로 품질 수준이 떨어지는 식재료를 입고한 경우 원가의 낭비가 발생된다. 문제가 있는 식재료를 제때에 반품하지 않거나 변하기 쉬운 식재료를 검수과정에서 장시간 방치하는 경우에도 사용하지 못하고 버려지는 식재료가 생길 수 있다. 검수인이나 납품업자의 부정행위로 인해 원가 손실이 발생하기도 한다.

4) 저장 및 출고

식재료의 저장과정에서 저장고 내부의 온도나 습도관리가 제대로 이루어지지 않는 경우 식재료가 상하거나 변질되어 식재료가 낭비될 수 있다. 저장고 담당자는 입고되는 식재료와 출고되는 식재료에 대해 지속적으로 기록, 관리하며 재고량을 정확히 파악해야 한다. 저장고의 물품은 재고자산이므로 재고량과 가격을 파악하여 재고금액을 지속적으로 기입하도록 한다. 저장되어 있는 식재료나 물품의 도난이 발생하는 경우나 재고조사가 효율적으로 이루어지지 않는 경우에도 원가 손실이 발생한다.

재고관리가 정확하게 이루어지지 않아 식재료의 유통기간이 지나 사용할 수 없는 경우에도 원가 낭비가 발생하며, 입고 및 출고 수량을 부정확하게 기록하는 경우 재고량에 대한 잘못된 판단으로 불필요한 추가 발주가 이루어져 원가가 낭비되기도 한다.

5) 전처리

식재료를 다듬고 준비하는 전처리과정에서 부적절한 작업도구를 사용하거나 전처리방법이 미숙한 경우 불필요하게 버려지는 부분이 많아져 식재료 원가의 손실이 발생할 수 있다.

6) 메뉴 주문

메뉴를 주문받는 과정에서도 원가 낭비가 발생할 수 있다. 주문 메뉴의 누락 등 주문서 작성에서 실수가 발생하는 경우, 고객전표와 주방전표가 일치하지 않아 불필요한 음식이 만들어지는 경우, 추가 주문의 기록이 누락되는 경우 등의 상황에서 원가가 손실될 수 있다.

7) 조리

관리자는 초과 생산으로 인한 식재료의 낭비를 최소화하기 위해 과거 기록을 토대로 필요한 생산량을 가능한 한 정확히 예측할 수 있어야 한다. 음식을 조리하는 과정에서 표준화된 조리방법으로 조리하지 않는 경우에 필요한 양보다 과잉생산할 수 있어 원가의 손실이 발생할 수 있다. 부적합한 조리온도로 인해 음식의 양이 과도하게 줄어들거나 부적절한 조리기기를 사용하는 경우에도 식재료의 낭비가 발생할 수 있다. 그러므로 주방에서는 표준레시피에 따라 정확한 방법으로 조리가 될 수 있도록 지속적인 교육과 점검이 어루어져야 한다.

8) 서비스

주문서와 다르게 음식이 서비스되거나 서빙 도중 부주의에 의해서도 낭비요인이 발생할 수 있다. 서비스된 음식에 문제가 있어 고객이 교체를 요구하는 경우에도 추가적인 음식의 생산이 이루어져야 하므로 원가가 낭비된다. 표준레시피에 의해 제시된 1인 분량이 정확히 지켜지지 않는 경우에도 원가가 낭비될 수 있다. 그러므로 표준레시피에 표기된 정량대로 배식이 이루어질 수 있도록 배식용기와 도구의 사용이 매뉴얼화되어 있고, 이에 따른 종업원 교육이 이루어져야 한다. 주문한 고객에게 정확한 음식 제공이 될 수 있도록 주방과 홀의 의사소통이 원활히 이루어질 수 있는 시스템이 갖추어져 있어야 한다.

9) 정산

고객이 요금을 내지 않고 사라지거나 부정확하게 기록된 주문서로 인한 원가손실이 있을 수 있다. 정산하는 과정에서 정산원의 계산 실수나 POS 기기 사용 미숙으로 정확한 금액을 정산하지 못하는 경우도 원가가 낭비되는 것과 마찬가지의 손실이 발생한다. 그러므로 고객이 주문한 음식에 대해 정확한 금액을 청구해야 하며, POS 사용 매장은 정산원에게 포스 사용방법에 대해 충분히 숙지시킴으로써 정산오류가 발생하지 않도록 한다. 종업원의 부정행위 시 원가 손실의 요인이 될 수도 있다.

각 단계별로 발생될 수 있는 비용 낭비요소를 파악하고 보다 효율적인 통제를 통해 원가를 절감하고자 노력한다면 이는 곧 매장의 실질적인 이익 증대로 연결될 수 있을 것이다.

읽을거리

공유주방, 임대료 절감을 위한 외식업의 새로운 대안이 될 수 있을까?

공유주방은 우리나라에서는 아직 생소한 개념이지만 'Co-Working Space for Food Business'로 음식업 비즈니스 전용 공간의 개념으로 정의된다. 공유주방은 주방만을 갖추고 임대하는 것부터 외식업 창업자들을 교육하고 사업성을 테스트하는 인큐베이팅 기능을 하는 것, 네트워킹이나 투자가 함께 이루어지는 것까지 다양한 형태로 이루어질 수 있다.

공유주방

넓은 공간에서 다른 사람들과
설비와 시설을 공유하여 사용
(푸트트럭, R&D팀, 플리마켓 셀러 등에 적합)

개별 주방

약 5~10평 규모의 공간을 특정적으로 사용
(케이터링, 정기 배송 서비스, 핸드메이드
식품제조 기업에 적합)

공유주방을 활용하면 창업비용을 최대 10분의 1까지 줄여 '실패 리스크'를 최소화할 뿐 아니라 창업 노하우도 전수받을 수 있다는 것이 전문가들의 설명이다. 대표적으로 '심플프로젝트컴퍼니'의 '위쿡' 서비스가 국내에서 가장 먼저 공유주방 사업을 시작하였다. 위쿡에서는 시간대별로 다른 사업자들이 하나의 공유주방을 임대해 그곳의 식기 등을 활용해 음식을 제조 · 개발한다. 위쿡은 특급호텔 요리사와의 일대일 요리 수업 등 백오피스 서비스와 제품 피드백과 유통 경로 개척, 재무 분석, 마케팅 등의 사업관리까지 제공한다. 위쿡은 음식업에 처음 도전하는 사업자들에게 '공간'과 '유통망'을 제공함으로써 주방 사용료와 유통 수수료로 수익을 얻는다. 사업자들은 음식 제조 외의 실험비용을 대폭 줄여 '시장 테스트'를 해볼 수 있다.

출처 : 이코노믹리뷰(www.econovill.com)(2018. 11. 26). 내용 저자 재구성.

Activity 1-2 4차 산업혁명시대 외식상품의 패러다임 변화, 원가에 어떠한 영향을 주는가?

4차 산업혁명이 본격화되면서 외식업계도 큰 변화를 맞고 있다. IT기술, IoT(사물인터넷), AI(인공지능) 등 기술의 발달이 음식, 외식, 식재료라는 콘텐츠와 결합하면서 새로운 사업 모델과 생산시스템을 만들어 내고 있다. 기술의 발달은 1인 가구와 맞벌이 가구의 증가 등 사회적 변화와 편리성 및 간편성을 추구하는 외식소비 트렌드와도 접목되면서 음식을 주문하는 방식, 외식상품이 만들어지는 방식, 고객에게 전달되는 방식 등 외식 비즈니스의 전반적인 시스템이 영향을 받고 있다.

로봇과 인공지능이 결합된 최첨단 시스템을 보유한 미국의 '줌피자(Zume)'는 소스를 뿌리는 로봇, 소스를 골고루 펴주는 로봇, 426℃의 오븐에서 1분 30초간 피자를 굽는 로봇, 그리고 배달 차에 피자를 싣는 로봇까지 완벽한 시스템형 피자전문점을 구현했다.

피자에 올라가는 여러 토핑은 고객 취향에 따라 선택이 가능하도록 사람이 얹어주며, 사람과 로봇의 협업으로 시간당 288개의 피자가 만들어질 수 있다.

포인트는 고객 집 도착 4분 전, 배달 차 안에서 다시 3분 30초간 굽고 30초 정도 식혀 갓 구운 따끈한 피자를 맛볼 수 있게 한 데 있다. 미국 피자 업체들의 평균 배달시간이 45분인 데 비해 줌피자는 22분밖에 소요되지 않아 고객의 많은 호응을 얻고 있다.

최근 지속적으로 상승하는 물가와 최저시급 인상 등의 운영비 증가로 외식업 경영주들이 어려운 가운데, 미국 외식업 로봇시장은 눈여겨볼 만하다.

1. 4차 산업혁명시대 새로운 기술이 외식업과 접목된 사례를 찾아보자.

2. '줌피자' 사례에서 피자의 조리 및 배달에 로봇이 도입되면서 줌피자의 각 원가요소에 어떠한 변화가 있는지 토의해 보자.

3. 향후 외식산업에서 원가 절감 및 수익구조 개선을 위해 도입될 수 있는 기술의 유형은 어떤 것들이 있을지 토의해 보자.

출처 : 식품외식경제(www.foodbank.co.kr) (2017. 12. 5). 내용 저자 재구성.

CHAPTER 2

원가의 분류 및 구성

C H A P T E R

2

학 습 목 표

- 원가를 관리목적에 따라 분류할 수 있다.
- 고정비와 변동비를 구분할 수 있다.
- 원가 구성요소를 나열할 수 있다.
- 원가 구성요소에 근거하여 판매가를 결정할 수 있다.

원가는 경영자의 관리목적에 따라 여러 유형으로 분류될 수 있다. 원가의 유형을 파악하여야 예상 매출액으로부터 발생할 것으로 예상되는 미래의 원가를 추정할 수 있고, 과거의 경영성과를 평가하기 위한 계산도 가능하다. 본 장에서는 원가를 여러 가지 기준에 의해 분류해 보고 원가가 어떠한 요소들로 구성되는지 살펴보기로 한다.

1. 원가의 분류

1) 변동성에 따른 원가 분류

원가는 매출의 변화에 따른 원가의 변동상태에 따라 변동비순수변동비, 준변동비와 고정비순수고정비, 준고정비 등으로 구분될 수 있다.

- 변동비variable cost : 매출액의 변화에 비례하는 원가로 판매량이 증가하면 같이 증가되는 비용을 의미한다. 식재료비가 이에 속한다.
- 고정비fixed cost : 일정한 기간 동안 매출액의 변동에 관계없이 항상 발생하는 원가로 판매량의 증가와 상관없이 고정적인 비용을 말한다. 고정자산의 감가상각비, 임차료, 직원에게 지급하는 고정급 등이 있다. 생산량이 증가할수록 단위당 고정비는 점차 감소하게 되므로, 대량 생산 시 규모의 경제성을 실현할 수 있다.
- 준변동비semi-variable cost : 매출액과 관계없이 발생하는 일정액의 고정비와 매출액의 변화에 따라 단위당 일정 비율로 증가하는 변동비로 구성된 원가이며, 생산을 전혀 하지 않더라도 최소한의 생산능력을 유지하기 위해 발생된다. 수도, 전기, 가스비 등을 예로 들 수 있다.
- 준고정비semi-fixed cost : 일정한 범위 내 매출의 변화에서는 고정적이지만 그 범위를 벗어나면 일정액만큼 증가 또는 감소하는 원가로 아르바이트생 인건비를 예로 들 수 있다. 일정금액 이상의 매출액 달성을 위해서는 종업원을 추가로 고용해야 하는데, 급여가 종업원 수에 비례하여 연속적으로 증가해야 하지만 현실적으로는 불가능하기 때문에 계단형의 원가 형태를 갖게 된다.

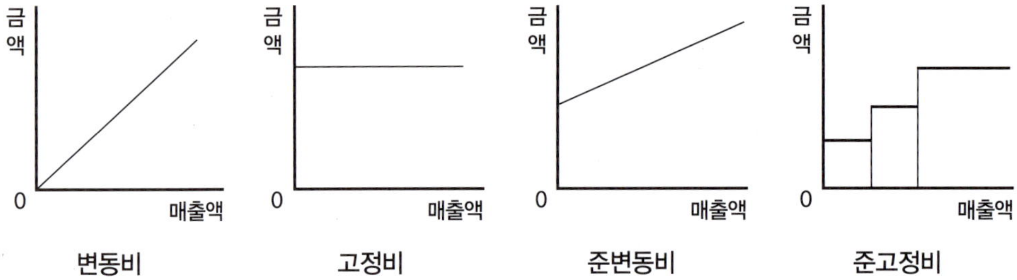

그림 2-1 변동성에 따른 원가의 분류

Activity 2-1 외식업체의 지출 항목 중 어떤 항목이 고정비에 해당할까?

A 레스토랑의 수입과 지출 내역은 다음과 같다.

수입

식사	24,000,000원
음료	6,000,000원

지출

식재료비	8,000,000원
고정 종업원 인건비	6,000,000원
수도, 전기, 가스비	700,000원
임차료	1,000,000원
감가상각비	5,000,000원

1. 지출 항목 중 고정비에 속하는 것은 어떤 것들이 있는가?

2. 고정비의 총합은 얼마인가?

3. 레스토랑의 총수입 중 고정비가 차지하는 비율은 몇 %인가?

2) 제품 관련성에 따른 원가 분류

원가를 개별 제품에 직접 부과할 수 있는지 여부에 따라 직접원가와 간접원가로 분류할 수 있다.

- 직접원가direct cost : 특정 메뉴의 생산을 위해서만 소비되어 직접 그 제품에 부과할 수 있는 원가요소이다. 직접재료비주요 재료비, 직접인건비임금, 주방 종업원 급여로 분류된다. 타 산업 분야에서는 직접경비도 있으나 외식업의 경우에는 이에 해당하는 원가가 거의 없으며 외주가공비를 직접경비로 분류하기도 한다.
- 간접원가indirect cost : 여러 종류의 제품 제조를 위하여 공통적으로 소비되어 특정 제품에 직접 부과할 수 없는 원가요소이다. 간접재료비예 : 여러 제품에 공통적으로 쓰이는 보조 재료비 등, 간접인건비예 : 여러 제품의 생산을 지원하는 구매팀, 마케팅팀 직원의 급여 등, 간접경비예 : 보험료, 수도광열비 등로 분류된다.

3) 통제 가능성에 따른 원가 분류

관리자에 의해 원가의 발생이 통제될 수 있는지 여부에 따라 통제 가능원가와 통제 불가능원가로 구분한다.

- 통제 가능원가controllable cost : 관리자의 의지나 관리방법에 의해 통제될 수 있는 원가이다. 일반적으로 변동비는 통제 가능원가에 속하며 고정비 중에서도 통제 가능한 원가가 있을 수 있다예 : 식재료비, 아르바이트생 인건비, 수도광열비 등.
- 통제 불가능원가uncontrollable cost : 관리자의 의지나 관리방법에도 불구하고 조정 불가능한 원가이다예 : 임차료, 감가상각비, 세금 등.

Activity 2-2 베이커리카페의 통제 가능원가와 통제 불가능원가를 구분해 보자.

A사는 주방에서 베이커리를 직접 생산하여 자사 매장에서 판매하고, 커피 등 음료도 함께 제공하는 베이커리카페이다. 여기서 발생하는 원가의 예는 다음과 같다.

구분	원가분류(통제 가능원가/통제 불가능원가)
밀가루, 설탕 등 제빵 재료비	
세금	
매장 전기 요금	
매장 아르바이트생 급여	
로스팅 기계 감가상각비	
매장 임차료	

위의 항목을 각각 통제 가능원가와 통제 불가능원가로 구분해 보자.

읽을거리 **감가상각비**

감가상각은 고정자산의 소모나 손상에 의한 가치의 감소를 내용연수로 균등하게 할당하여 그 자산 가격을 감소시켜 나가는 것을 말한다. 이때 감가된 금액을 감가상각비용이라고 한다. 정액법으로 감가상각을 계산하는 방법을 통해 감가상각비를 좀 더 명확히 이해해 보자.

감가상각 계산 : **정액법**

고정자산의 감가 총액을 내용 연수로 균등하게 할당하는 방법

$$\text{매년 감가상각비} = \frac{\text{기존 가격} - \text{잔존 가격}}{\text{내용연수}}$$

- 기존 가격이 1,000,000원, 잔존 가격이 10,000원, 내용연수는 10년인 냉장고의 감가상각액을 정액법으로 계산하시오.

$$\text{매년의 감가상각비} = \frac{1{,}000{,}000\text{원} - 10{,}000\text{원}}{10\text{년}}$$

$$= 99{,}000\text{원 / 년}$$

2. 원가의 구성

메뉴 원가를 구성하는 각 구성요소는 판매가격결정의 근거가 된다.

- 직접원가 : 특정 제품의 생산을 위하여 직접적으로 소비된 원가로 직접재료비, 직접인건비, 직접경비 등으로 구성된다. 직접경비는 거의 발생하지 않으므로 직접재료비

와 직접인건비를 합하여 기초원가 혹은 주요 원가prime cost라고 한다.

- 제조원가 : 직접원가에 매장건물이나 설비에 대한 감가상각비, 보험료, 수도광열비 등의 제조간접비를 포함한 원가를 의미하며, 제조를 위해 소요되는 모든 원가를 의미하므로 일반적으로 원가라 하면 제조원가를 뜻하기도 한다.
- 총원가 : 제조원가에 판매원의 급여, 상품 포장비, 운반비 등의 판매비와 본사 관리직원의 급여, 통신비, 광고선전비 등의 일반관리비를 포함한 원가를 의미한다. 즉, 메뉴의 제조에서 판매까지 발생한 모든 원가를 포함하기에 메뉴의 가격을 결정할 때 제조원가만 생각하고 판매관리비를 고려하지 않는다면 원가를 과소평가하여 가격을 너무 낮게 책정하거나 수익을 높게 평가하는 잘못된 판단을 하게 된다.
- 판매가 : 총원가에 일정한 판매이익을 더하여 결정된 금액이다.

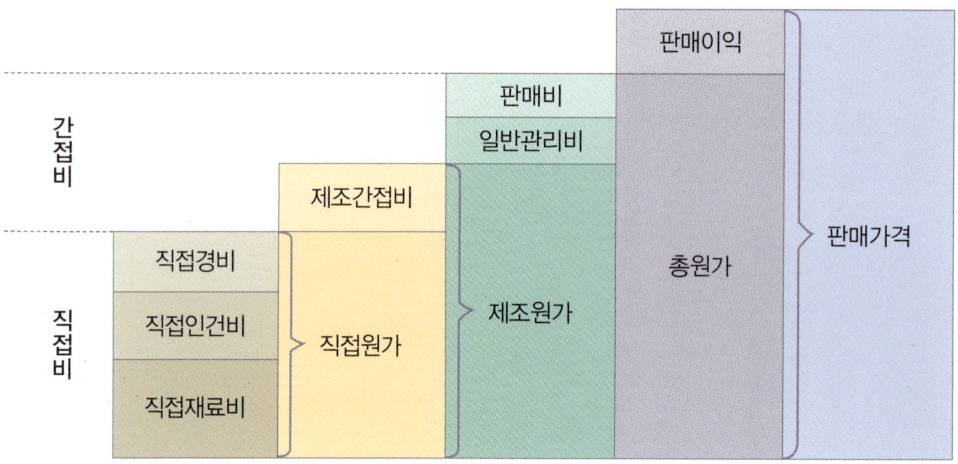

그림 2-2 원가의 구조

Activity 2-3 원가를 통해 판매가격을 결정해 보자.

1. A사는 김밥전문점이다. 김밥을 제조하는 데 소요되는 원가를 계산하면 다음과 같다.

직접재료비	600원	간접재료비	20원
직접인건비	400원	간접인건비	50원
간접경비	80원	판매관리비	200원

1) 총원가를 계산하시오.

2) 판매이익을 10%로 계산하였을 때, 판매가격을 결정하시오.

2. (주)외식은 판매가격을 1,200,000원으로 설정하고 있다. 다음 자료를 보고, 판매관리비(판매비 + 일반관리비)를 계산해 보시오.

직접재료비	400,000원	간접인건비	350,000원
간접재료비	100,000원	판매이익	200,000원

Activity 2-4 2만 원 치킨의 원가

국민 야식, 치킨의 가격이 2만 원까지 치솟은 데에는 배달환경의 변화를 고려해야 한다. 농림축산식품부 공시에 따르면, 2018년 9월 3일 기준 치킨의 원재료인 생닭의 공급가는 2,774원이다. 이 생닭은 가공회사로 보내져 부위별로 절단 · 가공과정을 거쳐 '치킨용 닭'으로 만들어지며, 이는 프랜차이즈 본사를 통해 약 5,000원 내외의 공급 가격으로 가맹점으로 보내진다.

가맹점은 공급받은 닭을 튀기고 양념해 '치킨'으로 만들어야 하는데, 이러한 조리과정에 드는 비용은 약 1,500원이고, 이는 식용유와 파우더소스 비용이 대부분이다. 이후 치킨 무, 콜라, 소스 등 기타 부재료 약 1,000원과 포장가격을 포함하면 원가 8,000원짜리 치킨이 완성된다.

과거에는 이러한 8,000원짜리 원가의 치킨을 직접 배달하거나 방문 포장을 요구하는 고객들에게 전달만 하면 되었기에 치킨을 15,000원에 판매한다고 가정하면 약 5,000~7,000원이 남는 셈이었다.

2만 원 치킨 가격 형성과정(예시)

하지만 최근의 배달환경을 고려하면 상황이 달라진다. 수많은 '배달음식 애호가'들이 배달 앱을 통해 주문하기에 배달 앱 수수료 약 1,500~2,000원과 배달료 약 3,200~4,000원이 추가로 발생하게 되었다. 이렇게 되면 치킨집 사장 입장에서는 가맹점 운영비와 마케팅비, 인건비 등을 제외하고도 치킨 배달에 드는 순수비용이 1만 4,000원까지 치솟는다. 최저임금 인상 및 임대료 상승 등의 요인까지 겹쳐 최근에는 치킨 원가가 1만 6,000~1만 7,000원까지 올랐다고 프랜차이즈 본사와 가맹점주들은 설명한다.

1. 과거 대비 치킨 가격은 상승했으나 순이익이 줄어든 주요한 요인은 어떠한 것이 있는지 생각해 보자.

2. 치킨 가격 형성과정에서 치킨 가격을 낮출 수 있는 방안을 모색해 보자.

출처 : 중앙일보(2018. 9. 10). 내용 저자 재구성.

읽을거리

젠트리피케이션 방지를 위한 프랜차이즈 · 대기업 신규 입점 제한

2017년 8월부터 성동구는 서울숲길 일대에 대기업과 프랜차이즈 업체가 신규 입점하는 것을 제한하고 있다.

어디서나 흔히 보이는 프랜차이즈 · 대기업의 신규 입점으로 인해 지역 특유의 매력이 상실될 수도 있고 주변 부동산가격 상승으로 인한 임대료 상승으로 지역 상인들이 해당지역에서 내몰리는 젠트리피케이션을 방지하기 위함이다.

골목경제의 상생과 공존을 위해 구는 2015년 전국 최초로 '서울특별시 성동구 지역공동체 상호협력 및 지속가능발전구역 지정'에 관한 조례를 제정하였다.

젠트리피케이션 없는 상생거리 : 성수동 지속가능발전구역

출처 : 성동구청 홈페이지(www.sd.go.kr)

또 성수동 지속가능발전구역 중 일부 지역에 뚝섬주변지역 지구단위계획을 수립하여 대기업과 프랜차이즈 가맹점 또는 가맹본부 직영점 형태의 휴게음식점, 일반음식점, 제과점, 화장품판매업의 신규 입점을 제한함으로써 지속가능한 발전을 도모하고 있다. 단, 일대 주민들로 구성된 상호협력주민협의체의 입점 동의를 얻은 경우는 예외적 입점이 가능하게 하였다.

이는 지역 내 신규 입점업체를 지역주민이 직접 결정하는 대신 건물주는 급격한 임대료 인상을 할 수 없게 상호 협력한다는 성동구 특유의 지역 상권 보호정책이다. 비록 강제성은 약하더라도 주민들에게 책임과 권한을 부여함으로써 해당지역의 지속가능한 발전을 도모하도록 하는 것이 젠트리피케이션 방지 사업의 핵심이다.

실제 성수동은 최근 특색 있는 거리로 젊은이들에게 입소문이 난 반면, 상가건물 임대차보호법 시행령에 의한 임대료 인상률 상한선인 5% 이하(2017년도 2.85%, 2018년도 2.53%)로 안정화되어 있다.

특히, 성동구는 젠트리피케이션 피해자나 피해 우려가 있는 임차인들이 장기간 안심하고 장사할 수 있는 안심상가를 운영해 지역 상인들의 만족도가 높다.

구는 2017년 5월부터 뚝섬주변지역 지구단위계획에 따라 서울숲길 일대의 상가건물 신 · 증축 시 임대료 안정을 위한 이행협약 체결을 전제로 한 건축가이드라인을 준수하면 용적률 규제를 완화해주고 있다.

하지만 보다 다양한 인센티브 지원책을 마련하기 위해 정부 차원의 젠트리피케이션 방지 특별법 제정이 시급하다.

출처 : 아시아경제(www.asiae.co.kr)(2019. 6. 28). 내용 저자 재구성.

CHAPTER 3

식재료비 관리

CHAPTER

3

학 습 목 표

- 식재료비를 계산할 수 있다.
- 식재료비 비율을 계산할 수 있다.
- 표준원가의 개념을 설명할 수 있다.
- 표준원가와 실제원가의 차이를 분석할 수 있다.

외식업에서는 식재료비의 비중이 상당히 크기 때문에 식재료원가를 효과적으로 관리하는 것이 중요하다. 식재료비는 외식원가의 주요 원가prime cost로서의 중요한 의미를 가지며 외식상품인 음식의 품질 수준을 유지하기 위해 일정 수준의 식재료비 비율을 유지하는 것이 중요하다. 본 장에서는 식재료비 계산, 식재료비 산출, 식재료비 관리표준 등에 대해 살펴본다.

1. 식재료비 관리

외식업에서는 식재료비의 지출 비중이 상당히 크기 때문에 식재료원가를 효과적으로 관리하는 것이 성공에 있어서 중요한 기준이 되며, 구매, 검수, 저장, 출고, 생산, 판매 각 단계에서의 원가관리를 통해 효과적인 통제가 이루어져야 한다.

외식업에서 식재료비를 효율적으로 관리하기 위해서는 다음 사항들에 유의해야 한다.

- 무엇을 얼마만큼 팔 것인가를 정확히 예측한다.
- 예측된 판매량에 맞추어 구매한다.
- 효율적으로 분배한다.
- 낭비와 손실을 방지한다.

1) 식재료비 계산

식재료비food cost란 메뉴를 생산할 때 사용되는 주재료 및 부재료의 비용을 의미하며, 실물재고가 있다는 점에서 식재료 구입금액이 식재료비로 계산되는 것이 아니라 일정 기간의 메뉴 생산에 투입된 금액을 식재료비로 산정한다는 것이 특징이다.

한 달 동안 소비된 식재료비는 월말에 계산하여 월초의 식재료 재고액과 해당 월의 식재료 구입액에서 월말의 식

월초 재고액
\+ 월간 구입액
―――――――――
사용 가능한 식재료비
− 월말 재고액
―――――――――
= 월 식재료비

그림 3-1 월 식재료비 계산법

Activity 3-1 외식업의 식재료비를 계산해 보자.

1. A 외식업소의 식재료 재고액과 구매액이 다음과 같을 때, 5월의 식재료비를 계산하시오.

구분	금액
5월 초 식재료 재고액	3,500,000원
5월 한 달간의 식재료 구매액	6,300,000원
5월 말 식재료 재고액	2,500,000원

2. 다음 메뉴(감자탕)의 식재료를 주재료와 부재료로 나누고, 단가내역서를 참고하여 주재료와 부재료의 식재료비를 각각 계산하시오.

단가내역서

식재료	단위	단가(원)
돼지등뼈	1kg	2,500
감자	1kg	4,500
우거지	1kg	6,000
무청	1kg	5,000
들깻가루	500g	3,000
대파(세척)	1kg	2,000
깐마늘	1kg	2,000
된장	10kg	15,000
생강	1kg	3,000
고춧가루	500g	1,000
깻잎	1kg	6,000

예상 식재료비

구분	식재료	양	식재료비
주재료	돼지 등뼈	2kg	(　　)원
	감자	200g	(　　)원
	우거지	300g	(　　)원
부재료	무청	80g	(　　)원
	들깻가루	40g	(　　)원
	대파	50g	(　　)원
	깐마늘	30g	(　　)원
	된장	40g	(　　)원
	생강	10g	(　　)원
	고춧가루	60g	(　　)원
	깻잎	20g	(　　)원
총식재료비	(　　)원		

재료 재고액을 감하여 산출한다.

한편, 개별 메뉴별로 소요된 식재료비는 해당 메뉴의 조리에 사용된 각 식재료의 사용량과 구매단가를 통해 계산할 수 있다. 사용된 모든 재료의 단가를 더하면 해당 메뉴의 식재료비를 알 수 있고, 재료를 주재료와 부재료로 나누어 각각의 식재료비를 계산해 볼 수도 있다. 정확한 식재료비를 산출하는 것이 식재료비 관리의 시작이다.

$$\text{식재료비} = \text{식재료 사용량} \times \text{식재료 구입단가}$$

2) 식재료비 비율

식재료비 비율food cost percentage은 외식업에서 식재료원가를 통제하는 주요 수단이다. 식재료비 비율은 전체 매출액 중 식재료비가 차지하는 비율로 일정 기간의 실제 식재료비를 계산하고 이를 매출액으로 나누어 산출한다.

$$\text{식재료비 비율(\%)} = \frac{\text{일정 기간의 식재료비}}{\text{일정 기간의 매출액}} \times 100$$

위의 산출방법에 의한 전체적인 식재료비 비율의 파악 이외에도 메뉴별 식재료비 비율의 계산도 가능하다. 메뉴별 식재료비 비율을 계산해보면 어느 메뉴가 식재료비 비율이 높은지 파악할 수 있다.

$$\text{메뉴별 식재료비 비율(\%)} = \frac{\text{해당 메뉴의 식재료비}}{\text{해당 메뉴의 판매가}} \times 100$$

Activity 3-2 스테이크 메뉴의 식재료비 비율과 판매가를 계산해 보자.

1. 스테이크 메뉴에 대한 원가가 6,000원, 판매가가 12,000원일 때, 이 메뉴의 식재료비 비율을 계산해 보자.

2. 스테이크 1인분의 메뉴 원가가 6,000원이며 식재료비 비율은 40%를 목표로 하고 있다. 판매가를 얼마로 책정해야 할지 계산해 보자.

읽을거리 2018년 외식업 식재료비 현황

2018년 외식업체 3,000개 대상 식재료비 비중을 조사한 결과, 전체 식재료비 중 쌀은 10.8%, 곡류 3.3%, 채소 16.7%, 육류 22.6%, 수산물 11.0%, 가공식품 23.8%, 기타 11.9%로 나타났다. 또한 외식업 중 일반음식점 대상 경영상 애로사항에 대해 구인 부문과 영업이익 부문으로 나누어 조사한 결과, 영업이익 부문에서 응답자의 90.7%가 '식재료비 상승'에 대해 어려움을 느끼는 것으로 조사되었다.

업종별 · 지역별 · 매출액 · 운영형태별 식재료비 사용 비중(전체)

(단위 : 개, %)

구분				사례 수	쌀	곡류(쌀 제외)	채소	육류	수산물	가공식품(공산품)	기타
2018년 전체				(3,000)	10.8	3.3	16.7	22.6	11.0	23.8	11.9
업종	일반 음식점	소계		(1,091)	16.0	3.2	20.1	27.9	15.4	12.2	5.3
		한식		(497)	16.5	2.7	20.2	29.0	14.5	11.9	5.2
		중식		(169)	13.0	8.7	21.1	20.6	16.8	14.5	5.3
		일식		(165)	12.7	1.4	16.5	8.3	44.7	9.8	6.5
		서양식		(156)	10.4	5.3	17.9	30.5	11.9	17.4	6.6
		기타 외국식		(104)	12.4	4.1	22.2	27.0	9.5	16.8	7.9
	일반 음식점 외	소계		(1,909)	5.0	3.4	13.0	16.7	6.1	36.6	19.1
		기관 구내식당업		(154)	20.0	3.7	23.6	18.8	12.5	14.5	6.9
		출장 · 이동음식점업		(119)	15.5	3.7	23.6	24.0	13.7	12.7	6.8
		기타 음식 점업	제과점	(183)	2.5	20.6	9.4	1.5	0.6	47.8	17.7
			피자 · 햄버거 · 샌드위치 및 유사 음식점업	(154)	1.6	7.5	17.6	17.9	5.6	37.8	12.1
			치킨전문점	(167)	0.4	1.1	9.4	69.7	0.2	13.7	5.4
			분식 및 김밥전문점업	(189)	20.3	6.1	22.0	10.8	6.0	24.2	10.8
			그 외 기타 음식점업	(163)	7.0	5.6	15.9	15.0	11.2	32.4	13.0
		주점업		(554)	2.8	1.1	15.2	15.4	11.0	33.9	20.5
		비알코올 음료점업		(226)	0.2	1.0	2.8	0.7	0.2	61.7	33.4
운영 형태	프랜차이즈			(589)	6.9	4.3	12.5	29.7	5.0	26.9	14.6
	비프랜차이즈			(2,411)	11.5	3.1	17.5	21.3	12.0	23.2	11.4
지역	서울권			(711)	8.9	3.6	18.0	18.7	12.3	25.7	12.8
	수도권			(768)	9.8	3.7	16.2	23.2	10.2	22.7	14.3
	충청권			(340)	14.1	0.9	16.7	20.6	8.4	32.3	7.1
	호남권			(333)	16.8	7.1	17.0	25.9	9.6	15.1	8.4
	경남권			(474)	10.1	2.8	15.3	20.6	13.9	21.4	15.8
	경북권			(374)	8.4	1.6	17.5	27.3	10.3	26.4	8.5

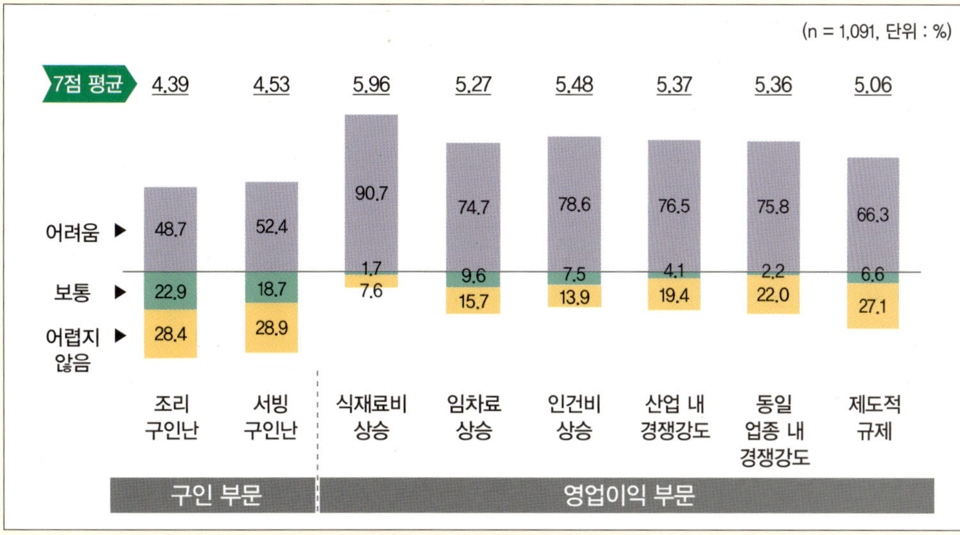

일반음식점 : 경영상 애로사항

출처 : 한국농촌경제연구원 · 농림축산식품부(2018).

2. 식재료비 관리 표준

원가관리는 기준을 만드는 것부터 시작한다. 식재료비의 관리 기준은 실제 운영조건 아래에서 일어나는 관찰과 계산을 통해서 결정되어야 한다. 이러한 기준의 설정은 생산관리, 품질관리, 판매관리 및 원가관리 등 각종 관리의 기준이 되며, 이러한 표준은 적합한 절차에 의해 세워지고 담당 책임자에 의해 승인된다.

1) 표준분량

표준분량standard portion size이란 고객에게 제공되는 메뉴에 대한 중량, 크기, 모양, 품질 및 수량의 표준을 의미하며, 표준분량 설정이 필요한 이유는 다음과 같다.

- 식재료비는 외식업 경영의 비용 중 상당한 비중을 차지하므로 철저한 관리가 필요하다.
- 과도한 분량의 생산으로 인한 손실을 방지할 수 있다.
- 고객이 지불한 금액에 합당한 가치를 제공함으로써 고객의 요구를 충족시킨다.
- 표준분량의 미달로 인해 생기는 고객 불만을 예방한다.

표준분량을 설정하는 방법은 표준원가 접근방법cost approach과 수량 중심적 접근방법quantity approach이 있다. 표준원가 접근방법은 고객이 지불하는 금액을 기준으로 얼마만큼의 원가에 해당하는 분량을 제공할 것인가를 결정하는 방법이며, 수량 중심적 접근방법은 다수의 고객이 원하는 규격, 수량을 중심으로 제공량을 정하는 것이다.

표준분량을 효율적으로 관리하기 위해서는 조리작업 시 저울을 비치하여 정해진 규격대로 분량을 계량하는 습관을 들이며, 정해진 표준분량만큼 제공하기 위한 도구 사용과 이에 대한 직원교육이 필요하다.

2) 표준조리법

표준조리법standard recipe은 메뉴 생산을 위한 식재료와 분량, 조리방법 등을 표시한 것으로 고객에게 일관성 있는 품질의 메뉴를 제공하게 하는 지침서 역할을 한다. 또한 정확한 원가를 산출할 수 있도록 하여 적정 판매가의 산정을 가능하게 한다. 실제 주방에서 조리사의 업무 숙련을 위한 지침이 되는 자료가 되기도 한다.

특히, 프랜차이즈 외식 브랜드의 경우 외식업소 특성과 고객 니즈에 맞추어 개발한 표준조리법은 모든 업장에서의 맛의 표준화를 가능하게 하는 도구가 되므로 본사 차원의 철저한 교육을 통해 메뉴 편차를 최소화시켜야 한다.

육개장

육개장

재료 및 분량(4인분)

소고기(양지머리) 500g, 물 12컵(3L), 대파 6대(180g), 마늘 6쪽(30g)
양념
고춧가루 3큰술, 식용유 3큰술, 다진 파 2큰술, 다진 마늘 1큰술, 국간장 2큰술, 참기름 2큰술, 후춧가루 ¼작은술

준비하기

· 1. 소고기는 4등분하여 찬물에 30분 동안 담가 핏물을 뺀다.
· 2. 냄비에 물 12컵을 부어 팔팔 끓으면 소고기와 대파 1대, 마늘 6쪽을 넣고, 소고기가 무르게 익을 때까지 중간 불에서 30분 정도 끓이면서 위에 뜨는 기름과 거품을 걷어낸다.
· 3. 삶은 고기는 건져서 잘게 찢거나 얇게 저며 썰고, 육수는 식혀서 체에 면포를 깔고 거른다.
· 4. 나머지 대파는 반으로 갈라 6cm 길이로 토막 내어 끓는 물에 살짝 데친다.
· 5. 그릇에 고춧가루를 담고 식용유를 조금씩 넣으면서 잘 섞어 고추기름을 만든 다음 다진 파, 다진 마늘, 국간장, 참기름, 후춧가루를 섞어 양념을 만든다.

만들기

· 1. 삶은 고기를 양념에 무친다.
· 2. 육수를 냄비에 담고 양념한 고기를 넣어 끓인다. 끓어오르면 데친 파를 넣고 5분 더 끓인 뒤 국간장으로 간을 맞추어 5분간 더 끓여낸다.

TIP

부재료로 무, 숙주, 토란대, 고사리, 대파를 넣기도 한다. 소고기 대신 닭고기를 넣고 매콤하게 끓인 국을 '닭개장'이라고 부른다.

그림 3–2 표준조리법의 예

출처 : 한식진흥원 홈페이지(www.hansik.org).

3) 표준구매명세서

표준구매명세서standard purchase specification는 구매하고자 하는 식재료에 대한 품질, 품목명, 상표, 규격, 단위, 수량, 포장단위 등이 기록된 서류이며, 구매와 관련하여 구매책임자, 조리책임자, 영업장 관리자, 원가관리 책임자 등에게 상세한 정보를 제공함으로써 원활한 커뮤니케이션을 돕는 역할을 한다.

표준구매명세서가 갖추어야 할 요건은 다음과 같다.

- 표준구매명세서에 기재되는 내용은 구매자와 공급자가 동일한 의미로 인식할 수 있도록 명확하고 구체적이어야 한다.

- 식재료별로 중량, 크기, 등급, 품질기준, 유통온도 등의 내용을 상세히 기재하며, 현재 시장에서 사용되는 제품명과 등급으로 기재한다.
- 구매자와 공급자 모두에게 공정하고 타당한 기준으로 제시해야 하고, 반품 여부를 결정할 수 있는 객관적인 품질기준을 제시한다.

상품명	배추		
	대분류	중분류	소분류
	01 채소	01 김치	0001 배추
	상품코드	2500023배추 115배추c/c	
	주 생산지	평창, 정선, 서산, 나주	
	포장방법	지박스 혹은 비닐포장	
적합품기준		부적합품기준	
• 계절마다 차이는 있으나 껍질이 얇고 단단하게 결구가 되어 있는 것 • 잎색이 겉잎은 진한 녹색을, 가운데는 노란꽃과 같은 색을 띠어 겉과 속의 조화가 선명한 것 • 잎과 줄기 모두 싱싱한 것 • 단맛과 고소한 맛이 있는 것		• 속이 비어 있어 중량이 가벼운 것 • 겉잎의 제거로 푸른 잎은 없고 알속만 남아 있는 것 • 잎의 색깔이 탁하고 신선미가 떨어진 것 • 추대(쫑)가 올라와 있는 것	

그림 3-3 표준구매명세서의 예

출처 : (주)아워홈. 내용 저자 재구성.

3. 표준원가 계산

표준원가는 사전에 과학적인 방법으로 책정된 원가로서, 작업이 정상적으로 수행된다면 당연히 달성되어야 할 원가이다. 따라서 표준원가는 제품 생산을 위한 원가발생과정에서 나타날 수 있는 낭비요인을 제거하기 위하여 사전에 설정된 목표원가의 성격을 띠고 있으며, 원가 통제수단으로 사용된다.

표 3-1 표준원가의 계산

구분	수량 표준	가격 표준
A. 직접재료비 표준원가 (① × ②)	① 메뉴당 표준투입량	② 투입량 단위당 표준가격
B. 직접인건비 표준원가 (③ × ④)	③ 메뉴당 표준노동시간	④ 노동 시간당 표준임금
C. 제조간접비 표준원가 (⑤ × ⑥)	⑤ 메뉴당 표준조업도	⑥ 조업 단위당 표준배부율
메뉴 단위당 표준원가	A + B + C	

일반적으로 제조원가의 표준은 원가요소직접재료비, 직접인건비, 제조간접비별로 사전에 설정되고, 이를 사후적으로 발생된 실제원가와 비교하여 그 차이를 분석함으로써 원가관리의 수단으로 활용한다. 여기에서 표준은 물량단위로 표시하는 수량표준과 화폐금액으로 표시하는 가격표준이 있다.

1) 표준원가의 유용성

표준원가는 예산 계획 시, 원가 통제 시, 제품원가 계산 시 사용되고 있다.

- 표준원가를 설정하면 현금 조달계획, 원재료 구입계획을 금액으로 표시하는 예산을 쉽게 작성할 수 있다.
- 표준원가를 설정하면 실제투입량 및 실제원가가 애초 계획한 대로 발생되고 있는지 즉시 파악할 수 있으므로 원가 통제가 가능하며, 작업의 효율적 수행 여부를 판단할 수 있다.
- 표준원가로 제품원가를 계산하면 기말 재고자산의 평가나 매출원가의 계산이 간단해지므로 회계업무를 줄일 수 있다.

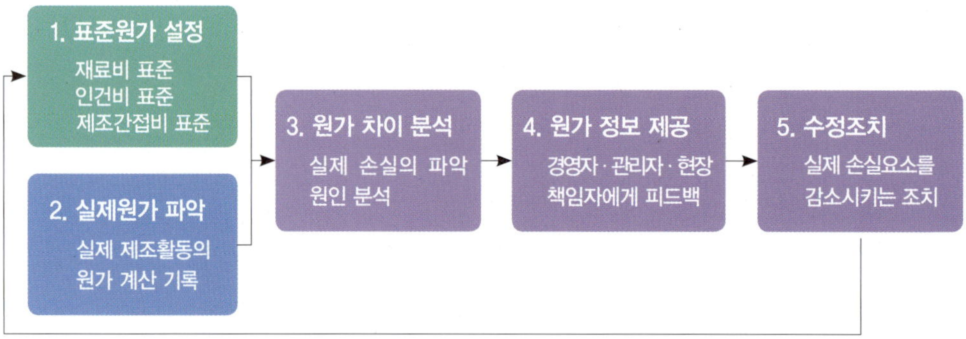

그림 3-4 표준원가와 실제원가 분석과정

2) 표준원가의 차이 분석

메뉴 제조 부분주방에 대한 차이 분석으로 표준원가와 실제원가와의 차이를 분석하여 원가를 통제하고 성과를 평가하는 것을 표준원가 차이 분석이라고 한다. 이것은 가격 차이와 능률 차이로 구분할 수 있으며 다음과 같은 이유로 차이가 생길 수 있다.

- 일반적으로 구입가격에 대한 통제와 사용수량에 대한 통제가 서로 다른 시점에 이루어진다. 예를 들어, 직접재료의 가격은 구입 시점에 통제가 이루어지지만, 직접재료의 사용에 대한 통제는 생산 시점에 이루어진다.
- 구입가격에 대한 책임과 사용수량에 대한 책임이 서로 다르다. 예를 들어, 직접재료비의 가격에 대한 통제는 구매팀에서, 수량에 대한 통제는 주방에서 이루어진다.
- 가격 차이는 주로 재료의 시장가격이나 납품업체의 영향 등 외부적 요인이 원인이 된다.
- 수량 차이는 기술적 분석 미흡으로 인한 표준설정 오류, 제품 규격 및 작업방법의 변경, 작업자 부주의나 숙련도 부족, 불량재료 구매 등 주로 내부 요인에서 기인하며 통제가 가능한 편이다.

원가 차이는 유리한 차이와 불리한 차이로 구분된다. 유리한 차이favorable variance는 실제원가가 표준원가보다 적게 발생하여 이익이 증가하는 차이를 말하며, 불리한 차이 unfavorable variance는 실제원가가 표준원가보다 높아 이익이 예상보다 낮아지는 차이를 말한다.

유리한 가격 차이가 생기는 경우는 표준원가가 지나치게 높게 책정되어 있는 경우, 예상치 못한 이유로 낮은 가격이 지급된 경우, 대량구매를 하여 예상보다 가격을 낮춘 경우, 품질이 낮은 재료를 싼 가격에 구입하는 경우일 때 발생한다. 또한 불리한 수량 차이는 재료의 불량, 작업 미숙, 생산설비 이상 또는 표준수량이 지나치게 낮게 설정되어 있는 경우에 발생할 수 있다.

유리한 차이가 원가 절감을 의미할 수도 있지만 단순히 지나치게 높게 설정된 표준 때문에 차이가 발생할 수도 있다. 따라서 유리한 차이든 불리한 차이든 계획의 차질을 의미하므로 그 원인을 찾아내어 조치를 취하는 것이 중요하다.

원가 차이는 다음과 같은 방법으로 구할 수 있다.

(1) 총차이

총차이total variance는 실제가격AP에 실제수량AQ을 곱한 실제원가와 표준가격SP에 실제표준수량SQ을 곱한 표준원가의 차이를 말한다.

총차이 = 실제원가 − 표준원가
= (실제가격 × 실제수량) − (표준가격 × 실제표준수량)
= (AP×AQ) − (SP×SQ)

(2) 가격 차이

가격 차이price variance는 실제가격AP에 실제투입량AQ을 곱한 금액과 표준가격SP에 실제투입량AQ을 곱한 금액의 차이이다. 즉, 가격 차이는 실제원가와 실제투입량에 대한 표준원가와의 차이이다.

가격 차이 = (실제가격 × 실제투입량) − (표준가격 × 실제투입량)
= (실제가격 − 표준가격) × 실제투입량
= (AP×AQ) − (SP×AQ)
= (AP − SP) × AQ

(3) 능률 차이

능률 차이efficiency variance는 표준가격SP에 실제투입량AQ을 곱한 금액과 표준가격SP에 표준투입량SQ을 곱한 금액의 차이이다. 즉, 능률 차이는 실제투입량에 대한 표준원가와 표준투입량에 대한 표준원가와의 차이이다.

능률 차이 = (실제투입량 × 표준가격) − (표준투입량 × 표준가격)
= (실제투입량 − 표준투입량) × 표준가격
= (AQ×SP) − (SQ×SP)
= (AQ − SQ) × SP

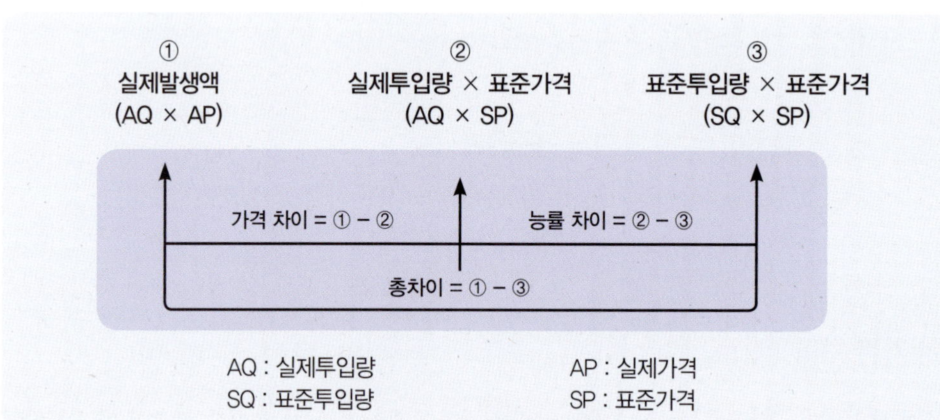

그림 3-5 원가 차이 산출방법

Activity 3-3 직접재료원가 차이를 계산해 보자.

A 레스토랑은 1,000개의 메뉴를 생산하는 데 있어서 필요한 재료 1개당 금액을 800원으로, 투입된 재료의 종류는 460종으로 추정하였으나 실제로는 재료 1개당 금액이 750원, 투입된 재료의 종류는 480종인 것으로 파악되었다.

1. 가격 차이와 능률 차이를 계산해 보시오.

AP×AQ	가격 차이	SP×AQ	능률 차이	SP×SQ
750 × 480 =	360,000 – 384,000 =	800 × 480 =	384,000 – 368,000 =	800 × 460 =

2. 1번의 차이가 유리한 차이인지, 불리한 차이인지 판정하시오.

3. 직접재료원가 차이가 나게 된 원인을 추측해보고, 이를 해결하기 위한 방안을 서술하시오.

3) 표준원가의 한계

표준을 지나치게 낮게 설정한 경우 종업원들이 표준을 너무 쉽게 달성할 수 있어서 표준으로서의 역할을 수행하지 못한다. 반면, 달성하기에 너무 어려운 표준은 종업원의 성과가 계속 낮게 평가되므로 종업원의 사기를 저하시킨다. 따라서 동기부여를 위해서는 종업원들이 합리적이면서 달성 가능하다고 느끼는 표준설정이 중요하다.

또한 유리한 차이와 불리한 차이를 모두 조사하여 차이 금액이 절대적으로 크거나 반복적으로 발생하는 항목을 파악하여 그 이유를 조사해야 한다. 예산을 편성하거나 집행할 때 여러 불확실성이 존재하므로 우연적으로 차이가 발생할 수 있으나 차이 발생이 반복된다면 구조적인 원인이 있을 가능성이 있으므로 개선해야 할 것이다.

읽을거리 식재료 가격변동성에 따른 영향

외식업 경영 시 가장 고려해야 하는 비용요인을 프라임원가(prime cost)라고 하며, 일반적으로 식재료비와 인건비를 말한다. 그중 식재료비는 복잡한 유통과정에 의한 가격 증가 이외에도 원재료인 농 · 축 · 수산물의 가격변동에 크게 영향을 받는다. 결국 식재료의 가격변동성이 크면 외식업 경영에 영향을 줄 수밖에 없기 때문에 비교적 안정적인 가격으로 구매할 방법을 모색해야 한다.

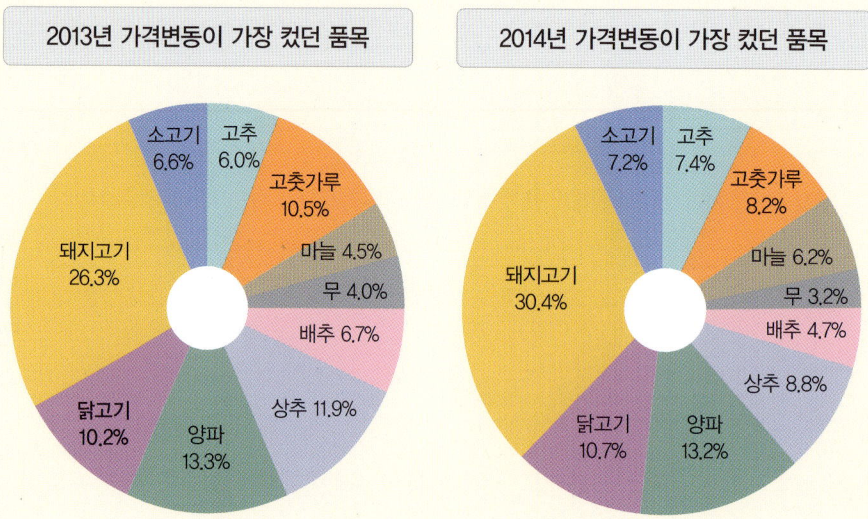

외식업체 2013~2014년 가격변동성이 컸던 상위 10개 품목

출처 : 한국외식산업연구원(2015). 내용 저자 재구성.

읽을거리

테일러 : 노동자의 표준작업량을 과학적으로 결정하기 위한 시간 및 동작연구

테일러는 어느날 베들레헴 제강소에서 약 600명의 삽일을 하는 근로자들이 광석, 회가루, 그 밖의 일을 처리하는 삽 작업의 능률화에 관심을 갖게 되었다. 테일러는 한 삽의 하중이 몇 kg일 때 가장 피로가 적고 최고의 작업성적을 올릴 수 있는가에 대해 검토하기 위해 삽일을 하는 작업자 두 사람을 골라 한 삽의 하중을 여러 가지로 바꾸어 가며 관찰하고 작업성적을 기록하였다. 그 결과 삽의 무게가 19kg의 경우에 1일 25톤, 17kg의 경우에 1일 30톤이라는 식으로 한 삽의 하중을 감소함에 따라 1일 작업 성적이 상승하는 것을 알아냈다. 그리고 한 삽의 무게가 11kg 이하로 되면 오히려 1일 작업 성적이 떨어진다는 사실도 알게 되었다. 따라서 그는 중량이 무거운 광석 작업에는 작업삽을, 경량의 작업일 경우에는 큰 삽을 사용해서 한 삽의 하중이 11kg 이상 17kg 이하게 될 수 있도록 삽 크기를 제작하면 작업의 효율을 크게 할 수 있고 작업 비용도 절감할 수 있음을 알고 실행하게 되었다. 그 결과 600명의 근로자들은 예전보다 노고가 수월해졌고 연간 8만 달러의 작업 비용도 절약할 수 있었다.

출처 : 뉴스매거진(2010. 11. 8). 내용 저자 재구성.

Activity 3-4 커피 한 잔의 식재료비를 계산해 보자.

커피 한 잔을 만들기 위해서는 다양한 원가 구성 항목이 있다. 커피 한 잔을 고객에게 서비스하기 위한 재료를 구입할 때에는 각 품목별로 구매하는 규격이 있고 해당 규격 한 단위를 구매했을 때의 가격이 있다. 이 가격을 수량으로 나누면 단가가 산출된다. 다음은 따뜻한 커피와 아이스 커피의 직접재료비인 식재료비의 구성 예시이다.

따뜻한 커피

No	품명	규격	가격(원)	수량	단가(원)	단가 단위
1	커피 원두	1kg	30,000	50잔	600	20g/60mL
2	물	2L	600	20잔	30	100mL
3	컵	12oz	62,000	1,000개	62	
4	뚜껑	12oz	26000	1,000개	26	
5	빨대	일자	41,000	10,000개	4.1	
6	홀더	12/16oz	27,000	1,000개	27	
7	캐리어	2인	16,000	100개	80	
합계					829.1	

아이스 커피

No	품명	규격	가격(원)	수량	단가(원)	단가 단위
1	커피 원두	1kg	30,000	50잔	600	20g/60mL
2	물	2L	600	20잔	30	100mL
3	얼음	3kg	3,480	15잔	232	200g
4	컵	12oz	62,000	1,000개	62	
5	뚜껑	12oz	26000	1,000개	26	
6	빨대	일자	41,000	10,000개	4.1	
7	홀더	12/16oz	27,000	1,000개	27	
8	캐리어	2인	16,000	100개	80	
합계					1,061	

1. 앞의 예시에서 제시된 커피의 식재료비 구성 항목을 살펴보고 커피전문점마다 커피의 식재료비는 어느 항목에서 차이가 날 수 있는지 생각해 보자.

2. 카페라테와 카페모카의 경우 어떠한 식재료가 추가되며 식재료비는 어떻게 달라지는지 생각해 보자.

3. 현재 유통되고 있는 커피 원두 5가지 종류의 가격을 조사해 보고 가격 차이를 비교해 보자.

출처 : 호텔앤레스토랑(2015. 10. 16). 내용 저자 재구성.

4

수율 분석

CHAPTER

4

학습목표

- 수율의 개념을 설명할 수 있다.
- 수율과 관련된 기본 용어의 의미를 설명할 수 있다.
- 손실이 있는 경우와 손실이 없는 경우의 수율을 분석할 수 있다.

정확한 식재료비를 산정하고 효율적으로 식재료비를 관리하기 위해서는 구입한 식재료의 양과 실제 메뉴의 조리 시 사용되는 양의 차이를 이해해야 한다. 식재료를 손질하고 조리하는 단계에서 식재료의 손실이 발생하기 때문에 메뉴별 식재료원가를 정확하게 산정하려면 식재료가 조리되어 고객에게 판매될 수 있는 상태의 양과 구매 시 양의 비율인 수율에 대한 개념을 적용해야 한다. 본 장에서는 수율의 개념, 수율과 관련된 기본 용어, 수율 분석 등의 내용을 다루기로 한다.

1. 수율의 개념과 관련 용어

외식업에서 재료별 수율에 대해 정확한 표준을 설정하고 있으면 식재료원가 산출을 정확하게 할 수 있을 뿐 아니라 재료를 손질하는 과정에서 불필요한 손실이 발생하지는 않는지 파악하여 원가 손실을 최소화할 수 있다.

1) 수율의 개념

식재료는 구매 후 손질하는 단계에서 식재료 양의 손실이 발생하며, 이는 원가의 손실을 초래한다. 수율yield은 실제 조리에 사용된 양과 구매한 식재료 양의 비율이다. 예를 들어, 카레를 만들기 위해 양파 1kg을 구매했는데, 껍질을 벗기고 손질하는 단계에서 100g의 양이 손실되고 900g만 조리에 사용되었을 경우 이 두 양을 비율로 표시한 것이 수율이다.

$$\text{수율}(\%) = \frac{\text{조리에 사용된 양}}{\text{구매량}} \times 100$$

수율의 개념

수율의 개념은 다음과 같이 가공수율과 조리수율로 나눌 수 있다.

- 가공수율 : 식재료 구매량 대비 식재료 준비와 다듬기 과정을 거쳐 조리되기 전의 순수 무게 또는 부피의 비율을 의미한다.
- 조리수율 : 조리 전과 조리 후의 변화된 중량의 비율이다.

본 책에서 사용된 수율의 개념은 가공수율을 의미한다.

2) 수율과 관련된 기본 용어

외식업에서 사용되는 수율과 관련된 기본적인 용어들을 알고 있어야 하며, 이 용어들은 수율 분석 시 이용된다.

(1) 구매량

구매량AP : As-Purchased은 구매한 순수한 식재료의 양으로 공급업체로부터 점포에 배달되었을 때의 무게이다. 육류의 경우 뼈와 지방, 사용 불가능한 내장 부위, 기타 폐기물이 포함된 총량이다.

(2) 가식부량

가식부량EP : Edible Portion은 식재료의 구매량에서 뼈나 지방을 잘라내고 나서 조리할 수 있는 식재료의 양을 의미한다.

(3) 손실량

손실량waste은 음식을 만들기 위해 준비하는 과정에서 손실되거나 재활용할 수 없는 양을 의미하며 사용가치가 없어 판매할 수 없는 폐기물이다.

(4) 표준산출량

표준산출량standard yield은 식재료의 준비과정에서의 감소나 낭비를 최소화함으로써 원가를 관리하기 위한 목적으로 수립된 생산량 표준이다.

2. 수율 분석

식재료 손실이 없는 메뉴는 구입 후 전처리과정을 거치지 않고 1인분씩 나누기만 하면 되는 냉동만두, 냉동돈가스 등의 냉동식품이나 샐러드 드레싱류 등의 식재료를 이용한 메뉴이다. 이와 같이 구입 후 식당에서 손질할 필요가 없는 메뉴의 원가 분석은 계산과정이 비교적 간단하다.

식재료 손실이 있는 메뉴의 원가 분석은 수율 분석을 통해 각 메뉴들의 1인 분량에 대한 손실을 고려한 실제원가를 결정해야 한다.

1) 손실률

손실률은 식재료를 손질하고 준비하는 과정에서 생기는 손실의 비율을 의미하며, 손실률은 준비과정에서 발생한 식재료의 손실량을 구매량으로 나누어 산출할 수 있다.

$$\text{손실률(\%)} = \frac{\text{준비과정에서 손실된 양}}{\text{구매량}} \times 100$$

Activity 4-1 닭고기 손실률을 계산해 보자.

1. 닭고기 3kg을 구매하여 뼈를 발라내거나 지방을 제거하는 준비과정에서 600g이 손실되었다면, 손실률은 몇 %인가?

2. 감자조림을 만들기 위해 감자 2kg을 구매했는데, 다듬는 과정에서 300g이 손실되었다면 손실률은 몇 %인가?

2) 수율

수율은 식재료 준비과정에서 발생한 손실을 제외한 무게를 구매량으로 나누어 산출할 수 있다.

$$\text{수율}(\%) = \frac{(\text{구매량} - \text{준비과정에서 손실된 양})}{\text{구매량}} \times 100$$

수율은 전체에서 손실률을 제한 비율이므로 다음과 같은 방법에 의해서도 동일한 산출결과를 얻을 수 있다.

$$\text{수율}(\%) = 100 - \text{손실률}(\%)$$

Activity 4-2 닭고기 수율을 계산해 보자.

1. 닭고기 3kg을 구매하여 뼈를 발라내거나 지방을 제거하는 준비과정에서 600g이 손실되었다면, 수율은 몇 %인가?

2. 닭고기의 손실률이 20%라면 수율은 몇 %인가?

3) 가식부 단가

식재료 손실이 있는 경우의 원가계산은 수율을 고려한 가식부 단가를 산출해야 한다. 조리를 준비하기 위해 식재료를 다듬다 보면, 구입재료의 손실이 발생하게 되는데, 육류의 뼈 제거 및 기름이나 지방 제거, 채소 씻기와 다듬기, 생선 뼈 발라내기 등의 과정을 통해 다듬어진 식재료의 무게나 부피는 항상 구입 무게보다 적어지게 된다. 이로 인하여 가식부 단가는 항상 구매 단가보다 높을 수밖에 없다.

가식부 단가는 구매 단가를 수율로 나누어 산출할 수 있다. 단가는 식재료의 단위당 가격으로 통상적으로 kg이나 g 단위 가격이 이용된다. 단가계산 시 단위 가격을 통일시켜 계산해야 한다.

$$\text{가식부 단가} = \frac{\text{구매 단가}}{\text{수율}}$$

Activity 4-3 수율을 활용하여 닭고기 가식부 단가를 계산해 보자.

1. 닭고기 3kg을 구매하여 뼈를 발라내거나 지방을 제거하는 준비과정에서 600g이 손실되었다면 가식부 kg당 단가는 얼마인가?(닭고기 1kg당 10,000원에 구입)

2. 1번 문제에서 닭고기의 구매 단가와 가식부 단가의 차이는 얼마인가?

3. 구매 시 무게가 10kg인 돼지고기를 구입하여 조리할 수 있는 상태로 다듬는 과정에서 지방 0.8kg과 뼈 1.2kg의 손실이 발생된다면 원래의 구매량에서 2kg의 손실이 발생한 것이다. 돼지고기를 kg당 20,000원에 구매할 수 있다면, 가식부 단가는 얼마인가?

항목	무게(kg)	%
구매량(AP)	10	100.0
지방 손실	0.8	
뼈 손실	1.2	
가식부량(EP)	8	

4) 표준산출량을 활용한 가식부 단가 산출

채소류, 육류, 어패류 등의 표준산출량 자료를 활용하여 각각의 가식부 단가를 산출해 보기로 하자.

▮ 채소류 가식부 단가 산출

채소의 표준산출량 표 4-1을 보면 도라지의 구매 단가는 kg당 1,300원이고 수율은 86%이다. 이는 구매한 도라지 10kg에 대해 껍질을 제거하고 나면 8.6kg을 사용할 수 있다는 의미이다. 도라지의 가식부 단가를 산출해 보면, 1,300원÷0.86=1,512원으로 표준산출량 표에 제시된 가식부 단가는 이와 같은 과정을 거쳐 산출되었음을 알 수 있다.

표 4-1 채소의 표준산출량

품목	수량	규격	구매 단가	표준산출량		가식부 단가	비고
			원	%	kg	원	
도라지	10	kg	1,300	86	8.6	1,512	
오이	10	kg	1,200	85	8.5	1,412	
우엉	10	kg	1,250	91	9.1	1,374	
배추	10	kg	3,200	75	7.5	4,267	

Activity 4-4 표준산출량 표를 이용하여 도라지의 원가를 계산해 보자.

1. 도라지무침의 도라지 1인 분량이 80g일 경우 도라지 80g의 원가는 얼마인가?

2. 우엉조림의 우엉 1인 분량이 70g일 경우 우엉 1인 분량의 원가는 얼마인가?

육류 가식부 단가 산출

다음은 다른 용도로도 사용이 가능한 육류의 가식부 단가를 산출하는 방법이다. 2kg의 안심을 구매했을 때 다진 고기용으로 200g, 국물용으로 100g이 사용되며 지방 손실은 200g이라고 가정하자. 다른 용도 및 지방 제거 후 1.5kg을 스테이크에 사용할 수 있으므로 스테이크용 고기의 수율은 75%이다. 안심은 kg당 100,000원, 다진 고기는 kg당 40,000원, 국물용 고기는 kg당 20,000원에 구입이 가능하다고 가정한다면, 1인분이 200g인 안심스테이크의 가식부 단가는 다음과 같은 방법으로 구할 수 있다.

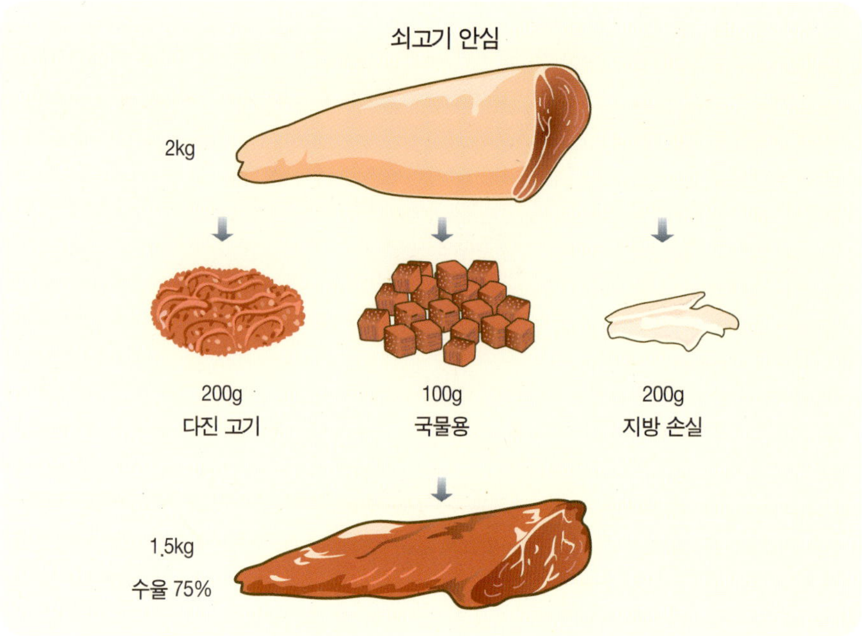

안심 100,000원 × 2kg = 200,000원

다진 고기 40,000원 × 0.2kg = 8,000원

국물용　20,000원 × 0.1kg = 2,000원

2kg 안심의 구매가 200,000원에서 다진 고기용과 국물용으로 사용된 고기의 원가를 빼주면 안심스테이크의 구매 단가는 다음과 같다.

200,000원 − (8,000원 + 2,000원)

= 190,000원

안심스테이크의 kg당 구매 단가를 구하면,

190,000원/1.5kg

= 126,670원/kg

안심의 구매 단가는 1kg당 100,000원이지만, 다진 고기와 국물용으로 사용된 원가를 제한 안심스테이크의 구매 단가는 kg당 126,670원인 것이다.

안심스테이크를 kg당 126,670원에 구입했으므로 안심스테이크 200g의 원가는 다음과 같다.

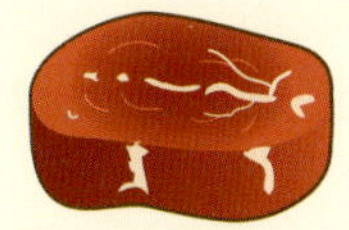

126,670원 × 0.2kg = 25,334원

어패류 가식부 단가 산출

다음은 어패류의 품목별 구매 단가, 표준산출량, 다른 용도의 사용량, 가식부 단가에 대한 예시이다.

표 4-2 어패류의 표준산출량

품목	수량	규격	구매 단가	표준산출량		다른 용도의 사용량			가식부 단가	비고
			원	%	kg	매운탕용	스톡용	내장, 껍질	원	
광어	3	kg	20,000	50	1.5	0.5	0.6	0.4	40,000	
삼치	10	kg	9,000	70	7.0			3.0	12,857	
바지락	5	kg	10,000	20	1			4.0	50,000	
피조개	5	kg	13,000	24	1.2			3.8	54,167	

바지락 5kg 구입 시 내장 1kg, 껍질 3kg을 제하고 나면 사용할 수 있는 조갯살은 1kg만 남기에 수율은 20%이다.

바지락을 kg당 10,000원에 구매 시 가식부 단가는 10,000원 / 0.2 = 50,000원이다.

읽을거리

한식당 전체 식재료의 7.5%, 음식물 쓰레기로 버려진다

한국식품연구원(이하 한식연)은 서울 등 전국의 6대 도시에서 영업 중인 한식당 123곳을 대상으로 2012년 6월 1일부터 30일까지 1개월간 전(前)처리 · 보관 · 잔반으로 버려지는 식재료 손실률을 조사한 결과 한 업소당 하루에 폐기(손실)되는 식재료가 756.4㎏(조사 업소의 하루 평균 식재료 소비량 1만 88㎏)에 달하는 것으로 드러났다고 밝혔다.

또한 한식연은 한식집을 대중음식점 · 한정식집 · 설렁탕집 등 15개 업종으로 분류한 뒤 업종별 식재료 손실률도 조사했다. 이에 따르면 해장국집의 식재료 손실률이 11.9%로 가장 높았고 다음은 낙지집(11.3%), 횟집(9.8%), 보쌈집(9.1%) 순서였다. 이들 업종은 가장 낮은 식재료 손실률을 보인 고기 뷔페집(4.4%)과 죽 전문점(4.7%)에 비해 두 배 이상 손실률이 높았다. 업종마다 식재료 손실률에서 큰 격차를 보인 것은 주로 사용하는 식재료의 종류, 식재료 사용법, 식재료의 가공처리 정도 등에서 차이가 나기 때문이며 해장국집의 경우 사람들이 국물만 먹고 건더기를 버리는 경우가 많고, 횟집의 식재료 손실률이 높은 것은 메인 메뉴인 회 외에 부가적으로 제공되는 음식이나 매운탕으로 제공되는 음식을 손님이 남기는 비율이 높기 때문으로 추정되었다. 또한 낙지집은 다양한 해산물을 사용하므로 내장처리 등 전(前)처리 과정에서의 손실률이 높은 것으로 평가되었다.

한식연은 전처리 · 보관 · 잔반 중 식재료의 손실이 어느 단계에서 더 많이 이루어지는지도 조사하였다.

전체 손실된 식재료의 69%는 음식점에서 손님이 먹다 남은 음식인 잔반이었다. 또 버려진 식재료의 29%는 다듬기 · 자르기 등 전처리과정에서 나온 것들이다. 음식점에서 보관 도중 폐기되는 식재료는 극히 적었다.

식재료의 종류에 따라서도 손실률은 상당한 차이를 보였다. 손실률이 가장 높은 식재료는 고(高)단백 식품인 어류(9.2%)였다. 일반적으로도 생선은 가장 상하기 쉬워 장기 보관이 힘든 식재료로 알려져 있다.

손실률이 적은 식재료는 콩류(3.5%) · 견과류(4.1%) · 버섯류(5.1%) · 가공식품(5.6%) · 육류(5.6%) 등이었다. 특히, 육류 음식점에선 일반 가정과는 달리 고기의 보관 도중 상하거나 유통기한을 넘기는 경우는 거의 없었으며 당일 사용하는 고기의 양이 일정해 사용할 양만큼 사거나 고기가 남더라도 다음날 손님상에 올리는 등 순환기간이 짧아 오래 보관하는 경우가 극히 드물기 때문이라고 설명하였다.

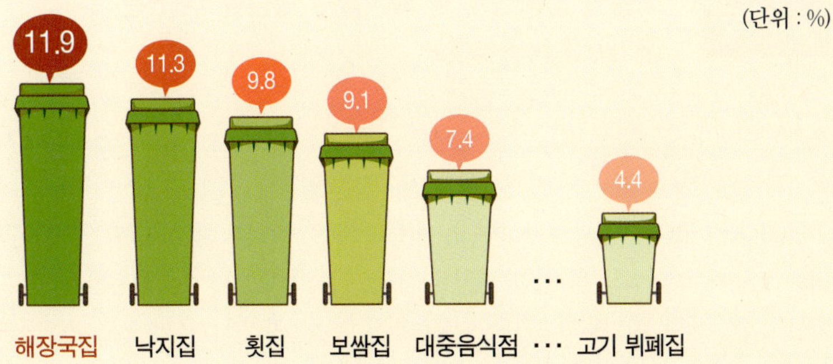

업종별 식재료 손실률

식품별 손실률 하위 5개

출처 : Korea IT Times(www.koreaittimes.com)(2015. 2. 10). 내용 저자 재구성.

읽을거리

식품별 영양성분 및 폐기율을 확인할 수 있는 국가표준식품성분표

농촌진흥청이 발간한 국가표준식품성분표는 국민이 먹고 있는 식품의 원료부터 식탁에 오르는 음식까지 영양성분을 분석해 기록한 책 또는 정보를 말한다. 2017년 발간된 국가표준식품성분표 제9개정판에는 국내에서 생산 · 소비되는 곡물 · 채소 · 과일류 등 식품 총 3,000점에 대한 열량, 무기질, 비타민, 식이섬유 등 43개 영양성분을 수록하였다. 1편 수록성분은 일반성분, 아미노산, 지방산, 식염상당량, 폐기율이고, 2편 수록성분은 무기질과 비타민성분으로 구성되어 있다.

폐기율은 식품의 구입상태를 기준으로 섭취하지 않는 부위인 껍질, 뼈, 씨앗 등을 분리하여 측정한 무게(100g 기준)로 나타내었다. 다음 표 예시와 같이 식품의 조리상태에 따라 영양함량뿐 아니라 폐기율이 달라지는 것을 확인할 수 있다.

영양성분 및 폐기율 정보를 통해 산업계에서는 영양사교육 및 식단 프로그램 개발, 병원의 식이상담 및 환자식 개발, 역학연구 등에 활용할 수 있고, 칼로리 및 체중관리를 위해 다양한 게임이나 프로그램 개발에 활용될 수 있다. 일반소비자에게는 건강관리를 위한 식품 선택 시 주요 영양성분이 들어 있는 식품을 선택하는 데 활용될 수 있으며, 농가의 경우 농특산물의 새로운 가공 상품화 아이템을 발굴하는 데도 도움이 될 수 있을 것이다.

국가표준식품성분표 제9개정판(I , II) 표지

식품의 조리상태에 따라 달라지는 영양함량 및 폐기율

No	식품명 (Food and Description)	일반성분(Proximates)							
		에너지 ENERC	수분 WATER	단백질 PROCNP	지질 FAT	화분 ASH	탄수화물 CHOTDF	총당류 SUGAR	총식이섬유 RBTG
		kcal	g	g	g	g	g	g	g
322	고구마, 분질(밤) 고구마, 생 것 Sweet Potato, Dry and firm type, Raw	108	60.6	1.01	0.11	1.09	37.19	9.83	2.7
323	고구마, 분질(밤) 고구마, 찐 것 Sweet Potato, Dry and firm type, steamed	119	56.8	1.07	0.15	1.06	40.92	13.01	4.2
324	고구마, 분질(밤) 고구마, 구운 것 Sweet Potato, Dry and firm type, Baked	133	51.7	1.01	0.16	1.17	45.96	14.95	4.7
325	고구마, 신율미, 생것 Sweet Potato, Shinyulmi, Raw	117	58.9	1.00	0.61	0.65	38.84	4.64	2.2
326	고구마, 신자미, 생것 Sweet Potato, Shin-Jami, Raw	77	72.2	1.3	0.1	0.9	25.5	-	-
328	고구마, 점질(호박) 고구마, 생것 Sweet Potato, Moist and soft type, Raw	100	63.9	1.17	0.20	0.96	33.77	9.83	2.0
329	고구마, 점질(호박) 고구마, 찐 것 Sweet Potato, Moist and soft type, steamed	111	59.9	1.10	0.15	0.94	37.91	14.48	3.4
330	고구마, 점질(호박) 고구마, 구운 것 Sweet Potato, Moist and soft type, Baked	131	52.5	1.25	0.16	1.11	44.98	23.21	3.7

아미노산(Amino acid)			지방산(Fatty acid)					콜레스테롤 CHOLE	식염상당량 NACL	폐기율 Ref	출처 Source
총 AAT19	필수 AAE10A	비필수 AANE	총 FAFREF	총필수 FAESSF	총포화 FASATF	총단일불포화 FAMSF	총다중불포화 FAPUF				
mg	mg	mg	g	g	g	g	g	mg	g	%	
932	401	531	0.11	0.05	0.05	0.01	0.05	0	0	11	농진청 (2013)
956	409	547	0.14	0.08	0.06	0	0.08	0	0	–	농진청 (2013)
941	388	553	0.15	0.09	0.06	0	0.09	0	0	7	농진청 (2013)
1221	674	547	0.10	0.06	0.04	0	0.06	0	0	–	농진청 (2013)
–	–	–	–	–	–	–	–	–	–	–	농진청 (2013)
1097	496	601	0.19	0.11	0.06	0.02	0.11	0	0	11	농진청 (2013)
1025	456	569	0.14	0.09	0.05	0	0.09	0	0	–	농진청 (2013)
1106	490	616	0.15	0.09	0.06	0	0.09	0	0	12	농진청 (2013)

출처 : 농촌진흥청 농식품종합정보시스템(koreanfood.rda.go.kr)(2017. 7. 27) ; 농촌진흥청 국립농업과학원(2016).

CHAPTER 5

인건비관리

CHAPTER

5

학습목표

- 인건비관리의 중요성을 설명할 수 있다.
- 인건비 수준의 적정성을 판단할 수 있는 인건비 분석방법을 기술할 수 있다.
- 최저임금제가 인건비에 미치는 영향을 설명할 수 있다.
- 인건비 산정에 영향을 미치는 주휴수당, 퇴직금 등을 계산할 수 있다.

인건비는 외식업의 원가 구성에서 식재료비 다음으로 큰 비중을 차지하는 주요 원가prime cost 중 하나이다. 노동집약적인 외식업의 특성상 음식의 생산과 서비스를 담당할 다양한 인력을 고용하게 되고 이들의 인원과 기술 수준은 외식업의 품질 수준과 직결되어 있기 때문에 적정한 수준의 인건비를 관리하는 것은 외식업 운영에서 매우 중요한 부분이다. 또한 인건비는 최저임금제, 근로기준법 등 국가 정책이나 노동 관련 법에 의해 반드시 준수해야 하는 부분이 있는 원가이다. 이 장에서는 인건비 관리의 중요성, 인건비 분석방법, 최근 주요 이슈가 되고 있는 최저임금제, 주휴수당 등이 인건비 산정에 미치는 영향에 대해 살펴보고자 한다.

1. 인건비관리의 중요성

인건비는 제품생산을 위해 소비되는 노동력의 가치를 화폐액으로 측정한 것이다. 노동력에 대해 지출되는 모든 금액은 손익계산서상 '비용'에 해당하기 때문에 인건비 절감은 이익의 증대와 직결된다. 그러나 실질적으로 노동에 관한 비용을 절감한다고 해서 모두 이익이 되는 것은 아니다. 지나친 인건비 절감은 남은 일하는 사람들의 과도한 노동을 유발해 피로도 증가와 더불어 일할 의욕을 감소시킬 수 있기에 적정한 수준에서 인건비를 관리하는 것이 중요하다.

2. 인건비 분석방법

인건비 분석방법은 생산성 개념과 연결해서 이해할 수 있다. 생산성은 투입된 자원input 대비 얼마나 많은 산출output을 창출했느냐를 판단하는 개념이다. 외식업장 운영을 위해 투입된 인력 자원인건비, 근로시간 등과 산출된 결과물매출액, 고객 수 등의 비율을 계산하여 외식업장의 생산성을 파악해 볼 수 있다. 인건비 비율, 근로시간당 매출액, 근로시간당 고객 수 등은 외식업장의 생산성을 판단해 볼 수 있는 경영분석지표이다.

1) 인건비 비율

우리 매장이 다른 매장과 비교해 적정한 인건비 수준을 유지하고 있는지는 인건비 비율을 통해 계산해 볼 수 있다. 인건비는 정직원의 고정급과 파트타이머의 시급 등의 모든 인건비를 포함한다. 인건비 비율은 손익계산서에 보고되는 인건비의 합계를 매출액으로 나누어 산출할 수 있다.

$$\text{인건비 비율(\%)} = \frac{\text{인건비}}{\text{매출액}} \times 100$$

표 5-1은 유사한 규모의 동일한 메뉴를 운영하는 두 외식업장의 운영자료이다.

표 5-1 유사한 규모의 동일한 메뉴를 운영하는 두 외식업장의 운영자료 비교

구분	외식업장 A	외식업장 B
매출액	12,105,000원	13,160,000원
인건비	2,300,000원	2,500,000원
고객 수	2,500명	2,600명
총근로시간	1,100시간	1,050시간

표 5-1의 업장 운영자료를 통해 인건비 비율을 산출하여 매출액 대비 인건비가 차지하는 비율을 비교해 볼 수 있다.

- 업장 A : 2,300,000원 ÷ 12,105,000원 = 19.0%
- 업장 B : 2,500,000원 ÷ 13,160,000원 = 19.0%

두 업장의 인건비 비율은 거의 동일하다. 그러나 어느 업장이 더 효율적으로 운영되고 있는지는 표 5-1의 자료만으로는 알 수 없기에 다른 지표들과 같이 해석해 보아야 한다.

2) 근로시간당 매출액

근로시간당 매출액은 외식업장에서 근무하고 있는 직원들이 근로시간당 얼마만큼의 매출을 창출하고 있는지를 계산하는 것으로 인력 운영의 효율을 판단할 수 있는 지표이다. 근로시간당 매출액은 매출액을 총근로시간으로 나누어 산출한다.

$$\text{근로시간당 매출액} = \frac{\text{매출액}}{\text{총근로시간}}$$

표 5-1의 업장 운영자료에서 근로시간당 매출액을 산출해 보면 다음과 같다.

- 업장 A : 12,105,000원 ÷1,100시간 = 11,005원/시간
- 업장 B : 13,160,000원 ÷1,050시간 = 12,533원/시간

두 근로시간당 매출액을 비교해 보면 업장 B는 1시간당 1만 2,533원으로 업장 A의 시간당 1만 1,005원보다 높다. 즉, 업장 B에서 동일한 근무시간당 더 많은 매출을 창출했다는 것을 알 수 있다.

Activity 5-1 근로시간당 매출액을 계산해 보자.

1일 매출액이 800,000원인 식당에서 1명의 직원은 11시간을 근무하고 다른 1명의 직원은 9시간 근무할 경우 근로시간당 매출액을 계산하시오.

3) 근로시간당 고객 수

근로시간당 고객 수는 근로시간당 매출액과 유사한 개념의 지표인데, 외식업장에서 근로자가 시간당 몇 명의 고객을 응대했는지 파악할 수 있는 지표이다. 근로시간당 고객 수는 고객 수를 총근로시간으로 나누어 산출할 수 있다.

$$\text{근로시간당 고객 수} = \frac{\text{고객 수}}{\text{총근로시간}}$$

Activity 5-2 근로시간당 고객 수를 계산해 보자.

1일 고객 수가 1,000명인 레스토랑에서 3명의 직원은 하루 8시간 일하고 7명의 직원은 하루 5시간씩 근무할 경우 근로시간당 고객 수를 계산하시오.

표 5-1의 두 업장 운영자료를 통해 근로시간당 고객 수를 산출해 보면 다음과 같다.

- 업장 A : 2,500명 ÷1,100시간 = 2.27명/시간
- 업장 B : 2,600명 ÷1,050시간 = 2.48명/시간

업장 A는 근로시간당 2.27명의 고객을, 업장 B는 2.48명의 고객을 응대했다.

표 5-2 두 외식업장의 인건비 분석결과

구분	외식업장 A	외식업장 B
인건비 비율	19.0%	19.0%
근로시간당 매출액	11,005원/시간	12,533원/시간
근로시간당 고객 수	2.27명/시간	2.48명/시간

두 외식업장의 인건비 분석결과를 정리해 보면 표 5-2와 같다.

외식업장 A와 B의 인건비 비율은 동일하나 업장 B의 근로시간당 매출액과 고객 수가 높아 B 업장이 더 효율적으로 인력을 활용했음을 알 수 있다.

읽을거리

외식업 업종별 종사원당 매출액 비교

종사원당 연간 매출액을 외식업장에 근무하는 전체 종업원 수로 나누어 산출할 수 있다. 2017년 업종별 종사원당 연간 매출액 자료를 살펴보면, 일식(7,581만 원), 제과점(7,277만 원)은 종사원당 연간 매출액이 다른 업종보다 매우 높게 나타났으며, 김밥 및 기타 간이음식점(4,401만 원), 간이음식 포장 판매 전문점(4,523만 원), 비알코올 음료점(4,124만 원)은 다른 업종 대비 종사원 1인당 매출액이 낮게 나타났다.

(단위 : 만 원)

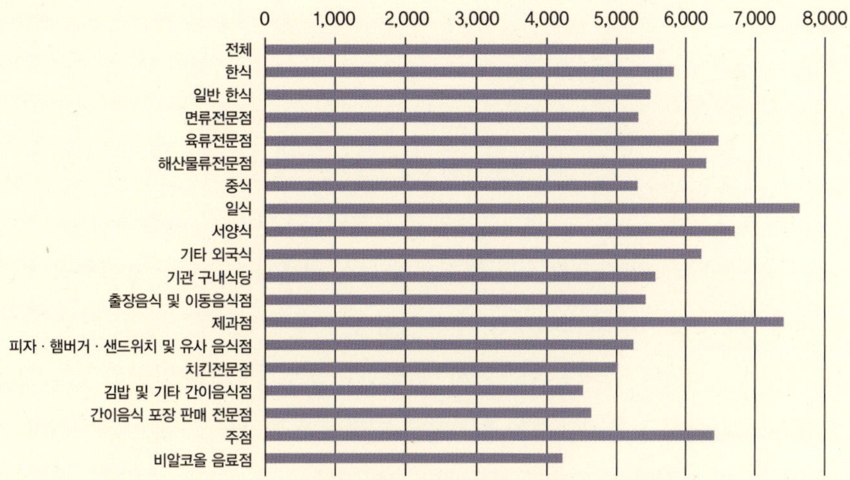

업종별 종사원당 연간 매출액

출처 : 한국농촌경제연구원(2018).

4) 생산성 향상방법

생산성을 향상시킬 수 있는 방법은 관리적인 측면과 운영적인 측면에서 살펴볼 수 있다. 관리적인 측면으로는 업무에 적합한 인재 채용 및 적절한 직무배치, 인력 낭비 없는 근무 일정표 작성, 지속적인 교육과 훈련이 해당된다. 종사원의 만족도를 높이기 위한 급여, 복리후생, 보상이나 인정 프로그램의 활용 등도 생산성을 높이는 방법이 될 수 있다. 또한 권한을 위임하고 동기부여를 통해 이직률을 최소화시키는 방법도 고려해볼 수 있다.

운영적인 측면으로는 메뉴 품목이 많을 경우 운영에 부담이 될 수 있으므로 불필요한 메뉴 품목 수의 조정, 원가의 부담이 적게 되는 범위 내에서 가공 식재료의 활용 시 생산성을 향상시킬 수 있다. 고정인원을 줄이기 위해 업장정리 및 청소는 아웃소싱을 주는 방법도 있고 생산성을 향상시킬 수 있는 IT 기기 설치에 대해서도 고려해 볼 수 있다.

3. 인건비 산정 시 고려사항

인건비 산정을 위해서는 관련 법과 제도를 잘 이해하고 있어야 하는데, 가장 기본이 되는 법은 근로기준법이다. 근로기준법은 근로자를 고용하는 사업주가 지켜야 하는 임금, 근로시간, 휴가 등 근로조건의 기준을 정한 법령으로 상시 근로자 5인 이상을 고용하는 모든 사업장에 대해 적용된다. 상시근로자 4인 이하 사업장에 대해서는 부당해고, 연장근로, 연차휴가, 생리휴가 등의 일부 조항은 적용에서 배제된다. 근로기준법은 임금을 목적으로 근로하는 모든 근로자에게 적용된다. 단, 음식점은 연장이나 야간근무, 휴일근무가 발생할 여지가 많기에 이러한 사항을 포함해 연봉제로 근로계약을 체결하는 포괄임금제 계약이 가능하다.

인건비 산정 시 최저임금제, 주휴수당, 퇴직금 등의 발생비용은 반드시 고려해야 할 사항이다.

1) 최저임금제

임금 수준을 결정하는 데 있어 상한선을 생산성에 기반을 둔 기업의 최대 지불능력으로 본다면 하한선은 근로자에게 최소한 지급해야 할 법률상의 최저임금이다.

최저임금제란 국가가 노사 간의 임금결정과정에 개입하여 임금의 최저 수준을 정하고, 사용자에게 이 수준 이상의 임금을 지급하도록 법으로 강제함으로써 저임금 근로자를 보호하는 제도이다. 수습기간3개월까지 동안에는 최저임금을 90% 적용할 수 있다.

연도별 최저임금을 살펴보면, 2011년부터는 매해 6~8% 범위 내에서 꾸준한 상승을 해 2017년에는 6,470원이던 최저임금이 2018년부터 가파르게 상승해 2018년에는 7,530원으로 1,060원16.4%이 상승하였고, 2019년에는 8,350원으로 820원10.9% 상승하였다.

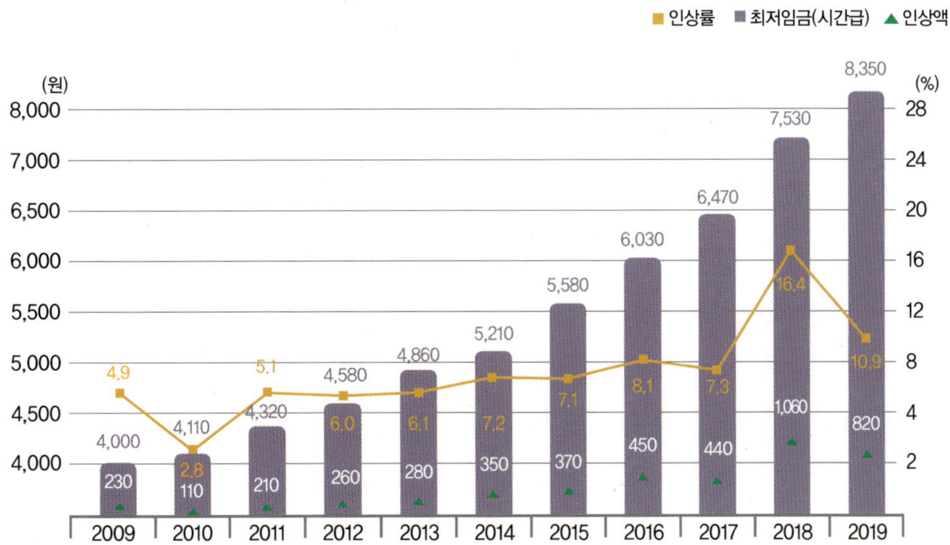

그림 5-1 연도별 최저임금 현황

출처 : 최저임금위원회 홈페이지(https://www.minimumwage.go.kr/stat/statMiniStat.jsp).

표 5-3 연도별 최저임금

적용연도	시간급	일급 (8시간 기준)	월급 (209시간 기준, 고시 기준)	인상률 (인상액)
2019. 1. 1 ~ 12. 31	8,350	66,800	1,745,150	10.9(820)
2018. 1. 1 ~ 12. 31	7,530	60,240	1,573,770	16.4(1,060)
2017. 1. 1 ~ 12. 31	6,470	51,760	1,352,230	7.3(440)
2016. 1. 1 ~ 12. 31	6,030	48,240	1,260,270	8.1(450)

월급계산 시 주휴수당 8시간을 포함하여 월 209시간이 기준시간이 된다.

(1주 근무시간 40시간 + 주휴수당 8시간) × 4.34주 = 약 209시간

2) 주휴수당

근로기준법 제55조에 따르면 사용자는 일주일 동안 소정의 근로일수를 개근한 근로자에게 '주휴일'이라 하여 1주일에 평균 1회 이상의 유급휴일을 주어야 한다. 주휴수당은 이 주휴일에 해당하는 임금을 별도로 지급하는 수당이다. 주휴일은 상시근로자 또는 단기간 근로자에 관계 없이 일주일에 15시간 이상 근무한 모든 근로자가 적용 대상이 된다.

근로기준법 제55조(휴일)

사용자는 근로자에게 1주에 평균 1회 이상의 유급휴일을 보장하여야 한다.

근로기준법 제18조(단시간 근로자의 근로조건)

4주 동안(4주 미만으로 근로하는 경우에는 그 기간)을 평균하여 1주 동안의 소정근로시간이 15시간 미만인 근로자에 대하여는 제55조와 제60조를 적용하지 아니한다.

근로기준법 시행령 제30조(휴일)

법 제55조 제1항에 따른 유급휴일은 1주 동안의 소정근로일을 개근한 자에게 주어야 한다.

주휴수당은 1일 근로시간에 시급을 곱하여 계산한다. 단, 1주일간 근로시간은 40시간을 초과할 수 없다. 예를 들어, 근로자가 일 6시간씩 주 6일 모두 근무를 하였다면 사용자는 근로자가 하루를 쉬더라도 1일 급여에 해당하는 '6시간 × 시급'만큼은 별도 산정하여 추가로 지급해야 한다. 주 5일 근무하는 경우, 1주일 중 1일만 주휴일이고 남은 1일은 무급휴일이 된다.

1주일 주휴수당을 계산하는 방법은 다음과 같다.

$$1주일\ 주휴수당 = 1주일\ 총근로시간 \div 40시간 \times 8시간 \times 시급$$
$$= (1주일\ 총근로시간 \times 시급) \div 5$$

Activity 5-3 주휴수당을 계산해 보자.

일 6시간씩 주 5일 근무하며 시급은 7,000원인 경우 일주일 주휴수당은 얼마인가?

3) 퇴직금

퇴직금제도는 상시근로자 수와 상관없이 1인 이상 전 사업장에서 1년 이상 근무한 근로자에 대해 30일분 이상의 평균임금을 퇴직금으로 퇴직 근로자에게 지급할 수 있는 제도를 의미한다.

퇴직금 계산방식은 근무연수 1년에 대해 1개월분인 30일분의 평균임금이 적용되며 1년 미만 근무자에 대해서는 퇴직금을 지급할 의무가 없다.

4) 연장 · 야간 · 휴일근무수당

외식업의 경우 업종의 특수성으로 인하여 1일 8시간을 초과하는 근무나 밤 10시 이후 근무, 또는 휴일근무가 발생하는 경우가 많이 있다. 따라서 근로계약을 체결할 때 업종의 특성에 따라 통상적으로 발생하는 연장 · 야간 · 휴일근무에 대한 법정 제수당을 월급**또는 일급**에 포함한다는 취지의 내용을 명확히 하면 별도로 연장 · 야간 · 휴일근무에 대한 수당을 지급하지 않아도 되는데, 이를 '포괄임금 근로계약'이라고 한다.

읽을거리

최저임금 인상이 소상공인에게 미치는 영향

'최저임금 인상에 따른 소상공인 영향 실태조사'(소상공인연합회, 2018)에 의하면 전국 소상공인 업체 1,204개 중 86.6%는 '최저임금 인상속도가 빠른 것 같다'고 응답했으며, 67.6%는 '최저임금 인상에 따른 인건비 부담'이 크다고 응답했다. 최저임금 인상으로 인한 비용 부담을 완화하기 위해 '1인 및 가족경영'을 한다는 응답이 52.7%로 가장 많았고, 인력 감축(40.9%), 근로시간 감축(26.2%), 가격 인상(25.5%)의 순으로 대응하는 것으로 나타났다.

전년도 대비 매출은 약 60% 소상공인 업체에서 감소하였고, 86.8%는 손실이 늘어난 것으로 조사되었는데, 이에 대해 소상공인들은 '경쟁 심화(49.6%)'와 '최저임금 인상으로 인한 인건비 상승(34%)'을 원인으로 지목하였다.

2017년 최저임금은 시간당 6,470원에서 2018년 최저임금은 7,530원으로 16.4% 인상되었으며, 2019년 최저임금은 8,350원으로 10.9% 추가 상승하였다. 인상된 최저임금은 1인 이상 근로자를 고용하는 모든 사업장에 적용되며, 실태조사결과 2018년 인상된 최저임금으로 인해 소상공인업체들이 부담한 월 평균 인건비 상승액은 36만 7,000원인 것으로 나타났다.

주휴시간은 주휴수당에 해당하는 시간으로 한 주를 만근한 근로자에게 8시간의 주휴시간이 주어진다. 소상공인연합회는 근로시간에 주휴시간이 포함될 경우 근로시간이 174시간에서 209시간으로 늘어나 지급해야 할 임금 부담이 커진다고 주장한다.

출처 : 아시아경제(2018. 12. 24). 내용 저자 재구성.

Activity 5-4 카레전문점 직원의 인건비를 계산해 보자.

한 카레전문점에서 A씨는 직원으로 2년간 일하고 있으며, 주 6일 8시간씩 근무한다. 아르바이트생 B씨는 주 6일 5시간씩 일하고 있다. 2018년에 A씨의 월급은 1,500,000원, 아르바이트생 B씨는 최저시급 7,530원을 받고 있다.

1. B씨가 받을 수 있는 1주일 주휴수당은 얼마인가?

2. B씨가 4주간 일한 경우 받을 수 있는 인건비는 얼마인가?

3. 월급계산 시 주휴수당 8시간을 포함하여 월 209시간이 기준시간이 된다. A씨의 월급은 2018년 최저임금기준에 대비해 볼 때 어떤 수준으로 평가될 수 있는가?

4. 2019년 최저임금은 8,350원으로 인상되었다. 이 기준에 맞춰 최저임금법에 저촉되지 않기 위해 A씨는 2019년에 얼마나 인건비가 인상되어야 하는지 계산해 보자.

5. B씨는 2019년에 얼마나 인건비가 인상되어야 하는지 4주 기준으로 계산해 보자.

읽을거리

외식업체 근로형태별 인건비

한국농촌경제연구원이 2018년 전국 17개 시도 2,000개 외식업체를 대상으로 외식업 경영실태를 조사한 연구보고서에 의하면 외식업체의 월 평균 인건비는 182만 2,000원으로 나타났다. 근로자의 국적에 따른 차이를 보면 내국인 근로자의 인건비는 평균 184만 3,000원, 외국인 근로자의 경우 164만 8,000원으로 약 20만 원의 차이가 있었다. 내국인 중 상용근로자는 212만 9,000원, 임시직 근로자는 139만 1,000원, 일용직 근로자는 111만 8,000원이고, 외국인 중 상용근로자는 193만 1,000원, 임시직 근로자는 157만 8,000원, 일용직 근로자는 134만 8,000원으로 나타났다.

외식업체의 업종별, 운영형태별, 지역별, 매출액 규모별 월 평균 인건비를 분석한 결과, 일반음식점의 월 평균 인건비는 185만 3,000원이고, 일반음식점의 업종별로는 중식(205만 4,000원)과 일식(190만 원)의 월 평균 인건비가 상대적으로 높은 반면, 기타 외국식(178만 8,000원)은 낮은 수준이었다. 일반음식점 외 외식업체의 월 평균 인건비는 178만 7,000원이고, 업종별로는 기관 구내식당업(195만 3,000원)과 주점업(185만 5,000원)의 인건비가 상대적으로 높은 반면, 비알코올 음료점업(161만 원)은 낮은 수준이었다. 운영형태별로 프랜차이즈 외식업체의 월 평균 인건비는 172만 7,000원으로 조사되어 비프랜차이즈(184만 원)보다 낮았다. 내국인 상용근로자의 비프랜차이즈 인건비가 213만 7,000원으로 프랜차이즈(209만 3,000원)보다 높고, 외국인 상용근로자의 경우 프랜차이즈가 203만 4,000원으로 비프랜차이즈(191만 7,000원)보다 높았다.

(Base : 각 구분별로 근로자가 있는 경우, n = 2,445, 단위 : 만 원)

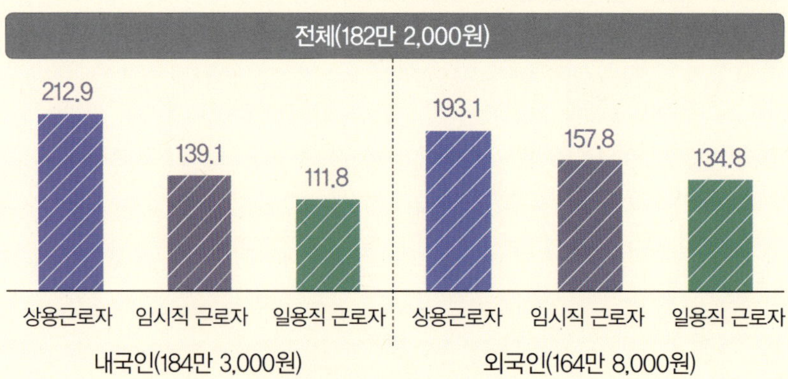

근로형태별 월 평균 인건비 분포

출처 : 한국농촌경제연구원 · 농림축산식품부(2018).

읽을거리 외식업체 노동생산성 현황

국내 외식업이 전체 국내총생산(GDP)의 5~6%를 차지하지만 성장세가 둔화되고 있고 음식점업 · 숙박업의 고용유발계수가 도소매업보다 낮은 수준으로 떨어지고 있다. 한국은행에 따르면 국내 음식점업 · 숙박업의 고용유발계수는 13.4(2011년)에서 13.1(2014년)로 하락했으며 2014년에는 도소매업(13.2)에 역전되었다.

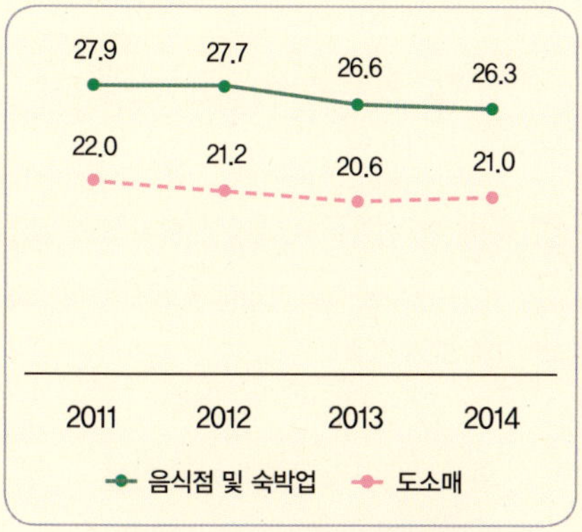

음식점 및 숙박업 취업유발계수

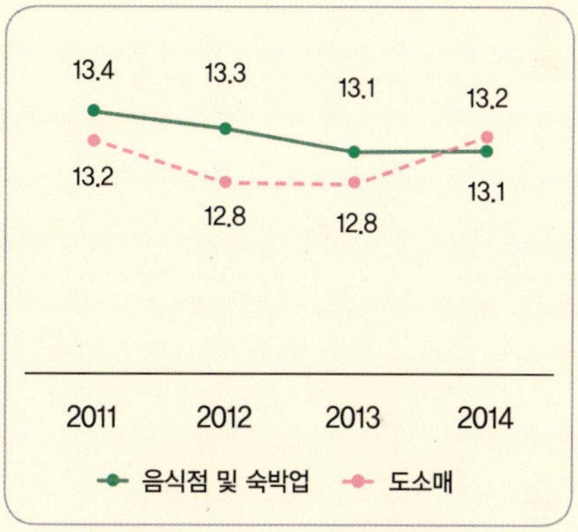

음식점 및 숙박업 고용유발계수

외식업의 취업 및 고용유발계수

외식업은 생산과 소비가 한 공간에서 동시에 이루어지고, 유형적 재화인 음식의 생산 외에도 음식을 제공하는 과정을 모두 '사람'이 담당하고 있다. 특히, 연 매출 5,000만 원 미만인 외식업체의 인력부족률(10.2%)은 1억 원 이상인 곳(4%)보다 두 배 이상 높으며, 업장 규모 20평 미만인 곳의 인력부족률(8.2%)도 30평 이상인 곳(3.4%)보다 두 배 이상 더 높았다. 따라서 타 산업보다 인력의존적인 산업임에도 불구하고, 노동생산성(labor productivity : 투입된 노동력 대비 생산량 비율)은 타 산업에 비해 현저히 떨어지는 수준이다.

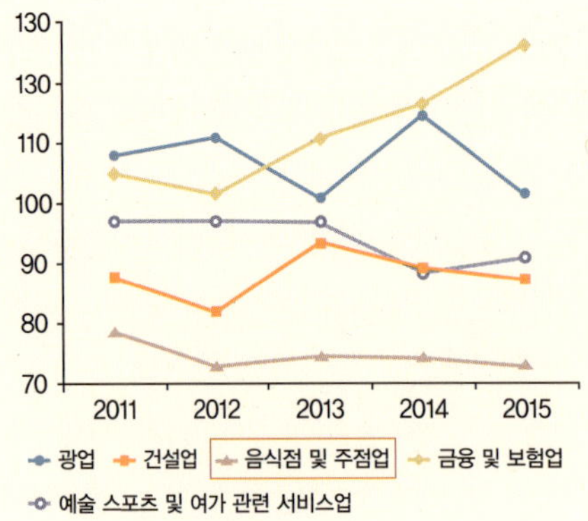

산업별 노동생산성 지수

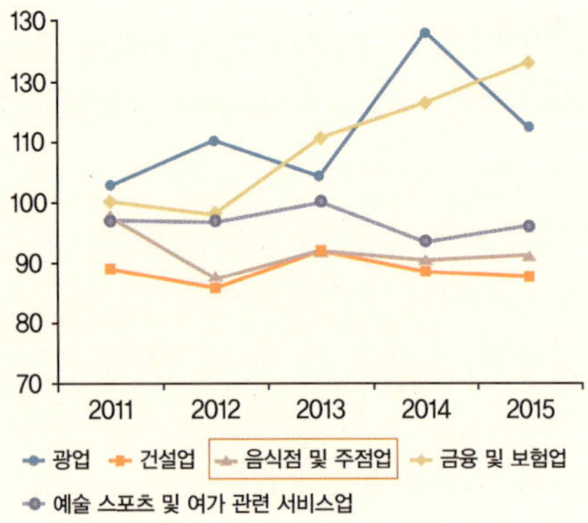

산업별 부가가치 노동생산성 지수

노동생산성이 가장 낮은 업종은 기타 외국식 음식점업이며, 상대적으로 노동생산성이 높은 업종은 치킨전문점으로 나타났다. 제과점업, 분식 및 김밥전문점 및 그 외 기타 음식점업을 제외한 외식업종의 2010년 대비 2014년 부가가치 노동생산성은 감소한 것을 볼 수 있다.

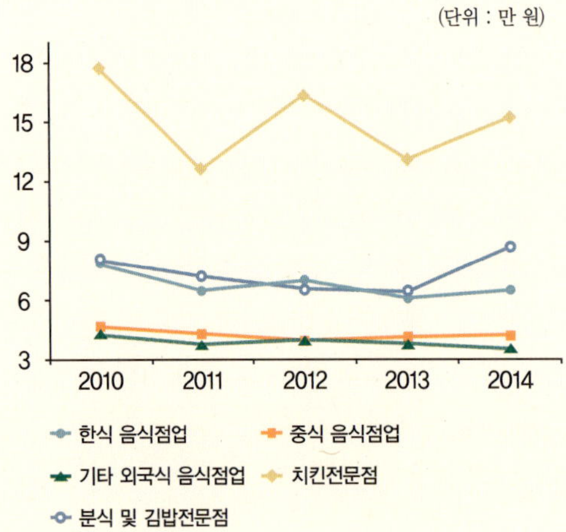

업종별 연간 노동 투입 대비 산출
(종사자 1인당 인건비 기준)

외식업종별 노동생산성 증감률

구분	2010년 대비 2014년 노동생산성 증감률
한식 음식점업	−17.5%
중식 음식점업	−9.0%
일식 음식점업	−7.0%
서양식 음식점업	−15.1%
기타 외국식 음식점업	−16.4%
기관 구내식당업	−11.6%
출장음식 서비스업	−7.1%
제과점업	3.6%
피자 · 햄버거 · 샌드위치 및 유사 음식점업	−7.6%
치킨전문점	−13.9%
분식 및 김밥전문점	7.7%
그 외 기타 음식점업	12.1%
일반유흥주점업	−14.2%
무도유흥주점업	−20.3%
기타 주점업	−3.5%
비알코올 음료점업	−1.4%
전체	−12.1%

노동생산성이 증가한 업종은 프랜차이즈 비중이 높은 산업으로, 이는 프랜차이즈 시스템의 매뉴얼화 – 표준화를 통해 운영의 효율성이 증가된 것으로 볼 수 있다.

외식업종별 연간 노동 투입 대비 산출

구분	2010	2011	2012	2013	2014	2010년 대비 2014년 노동생산성 증감률
한식 음식점업	7.88	6.58	7.06	6.16	6.57	–17.5%
중식 음식점업	4.78	4.40	4.08	4.28	4.35	–9.0%
일식 음식점업	5.00	5.37	4.82	4.65	4.65	–7.0%
서양식 음식점업	4.44	4.32	4.89	3.92	3.77	–15.1%
기타 외국식 음식점업	4.40	3.88	4.12	3.88	3.68	–16.4%
기관 구내식당업	4.73	4.80	4.88	4.96	4.18	–11.6%
출장음식 서비스업	4.68	5.11	4.14	3.43	4.33	–7.1%
제과점업	7.74	7.09	8.36	8.37	8.02	3.6%
피자 · 햄버거 · 샌드위치 및 유사 음식점업	5.24	5.00	5.25	4.90	4.84	–7.6%
치킨전문점	17.74	12.59	16.38	13.15	15.28	–13.9%
분식 및 김밥전문점	8.10	7.33	6.69	6.58	8.72	7.7%
그 외 기타 음식점업	6.20	7.29	7.32	7.08	6.95	12.1%
일반유흥주점업	6.48	5.51	5.45	5.43	5.54	–14.2%
무도유흥주점업	6.32	5.25	4.82	5.12	5.04	–20.3%
기타 주점업	12.58	8.04	9.79	8.96	12.12	–3.5%
비알코올 음료점업	5.75	5.15	4.91	4.54	5.67	–1.4%
전체	7.08	6.19	6.49	5.92	6.22	–12.1%

즉, 외식산업의 고용 문제점으로 지적할 수 있는 낮은 노동생산성은 결국 외식산업 전체 시장 안정성을 저해할 수 있고, 고용인원이 늘어난다고 해서 인력투입에 상응할 만큼 생산성이 높아지는 것은 아니므로 무리한 인력고용은 오히려 생산성을 낮추는 원인이 될 수 있다.

출처 : 음식서비스산업 고용현황 및 인적자원 개발(2017. 5. 26).

CHAPTER 6

매출관리

C H A P T E R

6

학 습 목 표

- 고객수요관리의 개념을 설명할 수 있다.
- 데이터를 활용하여 매출액을 계산할 수 있다.
- POS 정보를 활용하여 매출 분석을 할 수 있다.

매출은 외식업이 유지되는 근본적인 힘이다. 외식업에서 매출이 발생하지 않는다는 것은 수익창출이라는 사업으로서의 기본적인 기능을 하지 못한다는 것을 의미한다. 일별, 월별, 연간 매출을 예상하여 사업계획을 수립하고, 실제 발생한 매출의 분석을 통해 조직의 수입을 이해하고 있는 것은 외식업 관리자에게 매우 중요한 업무이다. 이 장에서는 고객수요관리의 개념 및 중요성, 매출 예측방법, POS 정보를 통한 매출 분석을 다루기로 한다.

1. 고객수요관리

외식업을 운영하는 모든 관리자에 오늘 고객이 몇 명이나 방문할 것인가는 늘 명확한 답을 얻기 어려운 질문이다. 고객수요예측Customer demand forecasting은 과거에 방문한 고객에 대한 자료를 통해 고객 수의 변동 패턴을 파악하고 요일별, 시간대별, 상황별 고객 수를 예측하는 것이다. 최근에는 POS를 통해 방문 고객 수를 쉽게 확보하고 이용할 수 있기 때문에 고객수요예측을 위한 자료 축적이 용이해졌다.

그런데 단순히 고객 수요를 예측하는 것이 아니라 고객 정보를 반영해 최고의 수익을 올릴 수 있도록 수요를 창출하는 것을 고객수요관리Customer demand management라고 한다. 고객수요관리를 위해서는 고객자료 분석이 선행되어야 한다. 최근에는 빅데이터 분석기술이 발달하면서 외식업에서도 빅데이터 분석자료에 기반한 경영활동이 이루어지고 있다.

고객수요관리에서는 수요 매출을 분석하는 데 수요 창출에 가장 성공할 확률이 높은 고객집단은 누구인지, 이 집단의 행동 패턴은 어떠한지, 어떠한 방법으로 이 집단의 방문과 구매를 유도할 수 있는지, 이들에게 어느 수준의 가격이 적정할지 등을 다루게 된다.

고객수요관리는 수동적으로 고객이 오기를 기다리는 것이 아니라 적극적으로 마케팅 활동을 통하여 수요를 증가시키는 것이다.

읽을거리 빅데이터 분석을 통한 고객수요창출

외식업계에서는 최근 소비자 구매 패턴, 선호 메뉴, 요구 등을 파악하여 신제품을 개발하거나 마케팅 전략을 수립하는 데 적극적으로 빅데이터 분석을 활용하고 있다. 외식은 단지 먹는 것만 의미하는 것이 아니라 소비자 라이프스타일을 반영하고 있기 때문에 빅데이터 분석을 통해 소비자의 소비 패턴을 파악하는 것이 경영의 관점에서 중요한 의사결정수단이 될 수 있다.

한편, 영국의 딜리버루(Deliveroo)는 음식 조리, 배달시간 등의 빅데이터를 분석함으로써 음식별 최적의 배달시간을 찾아내었고, 중국의 대표 프랜차이즈인 콰이다오는 빅데이터를 활용한 플랫폼과 마케팅 인프라를 제공하여 세계 각지로 진출하는 등 글로벌 기업에서는 이미 빅데이터 분석이 보편적으로 활용되고 있다.

한국정보화진흥원의 자료에 따르면, 향후 빅데이터 활용도가 가장 기대되는 업종은 식품 · 외식 분야라고 하였다. 현재 국내 외식기업 중 빅데이터의 활용도가 높은 곳으로 여겨지는 스타벅스커피 코리아의 경우, 지난 2014년 모바일 주문 및 결재 시스템인 '사이렌오더'에 축적된 구매이력, 주문시간대, 매장 정보, 기온 등에 대한 데이터를 활용해 소비자 맞춤형 메뉴를 개발하여 지속적으로 새로운 수요를 창출하고 있다.

출처 : 식품음료신문(foodfocus.co.kr)(2018. 4. 11). 내용 저자 재구성.

2. 매출 예측방법

외식산업은 특성상 업장에 언제 손님이 올지, 방문한 손님이 얼마나 음식을 구매할지, 또한 얼마나 오래 앉아 있을지 예측하기가 어렵다. 그러므로 외식업장에서는 매출을 예측하기 위해 과학적인 방법을 이용한 정량적인 데이터 수집이 필요하다.

매출 예측은 객단가, 좌석회전율, 메뉴 선택비율 등의 과거 데이터를 활용하여 실시할 수 있는데, 과거의 판매량을 이용하는 방법, 객단가를 이용하는 방법, 좌석회전율과 객단가를 이용하는 방법, 메뉴 선택비율을 이용하는 방법, 좌석회전율과 메뉴 선택비율을 이용하는 방법으로 나누어 볼 수 있다.

1) 과거의 판매량을 이용하는 방법

메뉴별로 축적된 과거 판매량과 단가 정보를 활용하여 메뉴별로 예상 매출액을 산출하는 방법으로 가장 간단한 산출방법이다.

$$매출액 = 판매량 \times 단가$$

표 6-1 과거 판매량 이용 매출 예측 사례

메뉴	판매량	단가	매출액
메뉴 A	140	4,000	560,000
메뉴 B	100	8,000	800,000
메뉴 C	60	20,000	1,200,000
합계			2,560,000

Activity 6-1 스테이크 전문점의 매출을 계산해 보자.

다음은 스테이크 전문점의 메뉴별 판매량과 단가 정보이다. 35,000원 단가의 스테이크가 15개, 12,000원 단가의 샐러드가 12개, 평균단가 4,000원의 음료를 16개 판매했다면 총매출은 얼마인가?

메뉴	판매량	단가	매출액
스테이크	15	35,000	
샐러드	12	12,000	
음료	16	4,000	
합계			

2) 객단가를 이용하는 방법

객단가는 고객 1인당 평균구입액을 의미하며 매출액을 분석하는 중요한 자료로 활용될 수 있다. 객단가는 일정 기간 동안의 매출액을 일정 기간의 고객 수로 나누어 산정할 수 있다.

$$\text{객단가} = \frac{\text{일정 기간의 매출액}}{\text{일정 기간의 고객 수}}$$

매출액 = 총고객 수 × 객단가

Activity 6-2 객단가와 고객 수 정보를 통해 매출액을 계산해 보자.

1. 일매출은 1,200,000원이고 80명의 고객이 이용하였다면 객단가는 얼마인가?

2. 객단가가 20,000원이고 하루 65명의 고객 이용이 예측된다면 예상 매출액은 얼마인가?

3) 좌석회전율과 객단가를 이용하는 방법

좌석회전율은 한 개의 좌석당 하루 몇 명의 고객이 앉는가를 의미하는 것으로 1일 총고객 수를 좌석 수로 나누어 산출할 수 있다.

$$좌석회전율 = \frac{총고객\ 수}{좌석\ 수}$$

좌석회전율은 영업시간 전체를 고려하기보다는 혼잡한 시간대나 고객 수가 많은 요일별로 파악하는 것이 효과적이다. 객단가는 보통 좌석회전율과 반비례하는 경우가 많다. 객단가가 낮은 매장은 회전율을 높여야 매출을 올릴 수 있고 객단가가 높은 매장은 회전율을 낮추고 충분한 서비스를 제공해야 한다. 회전율이 높은 외식업소는 한두 개의 메뉴를 전문적으로 제공함으로써 메뉴를 간소화해 맛의 전문성을 살리고 조리의 신속성을 높여 고객에게 빠른 메뉴 제공으로 회전율을 높일 수 있다. 좌석회전율을 높이기 위해 대기자 주문을 미리 받아 조리시간을 단축할 수 있고 패스트푸드점은 매장의 좌석을 편안하지 않게 함으로써 좌석회전율을 높이려는 전략을 세우기도 한다. 그 외에 후식 제공 여부도 좌석회전율에 영향을 줄 수 있다.

좌석점유율은 전체 좌석 수 대비 점유된 좌석 수의 비율을 의미한다.

$$좌석점유율 = \frac{점유된\ 좌석\ 수}{전체\ 좌석\ 수}$$

외식업소가 고객들로 가득 차 보이더라도 일부 빈자리가 있을 것이다. 좌석점유율을 높이기 위해서는 4인석을 2인석으로 분할하거나 만석 시에는 고객에게 조심스럽게 양해를 구하고 합석을 유도하는 방법도 활용할 수 있다.

좌석회전율과 객단가를 이용해 예상매출액을 산출하는 공식은 다음과 같다. 이 방법은 어떤 외식업소를 방문했을 때 총고객 수에 대한 정보가 없는 상태에서 매출을 예측하고자 하는 경우에 사용될 수 있는 방법으로 총고객 수를 산출하기 위해 방문 당시의 좌석점유율과 이 정도로 점유된 상태에서 하루 몇 번의 좌석회전이 일어날지를 예측하여 총고객 수를 예상해 볼 수 있다. 이와 같이 산출된 예상 총고객 수에 객단가를 곱하여 예상 매출액을 예측해 볼 수 있다.

$$총고객\ 수 = 좌석\ 수 \times 좌석점유율 \times 좌석회전율$$
$$매출액 = 총고객\ 수 \times 객단가$$

표 6-2 좌석회전율, 객단가 이용 매출 예측 사례

좌석 수	좌석점유율	좌석회전율	객단가
75	80%	3	12,000

$$총고객\ 수 = 75 \times 0.8 \times 3 = 180명$$
$$일\ 예상매출액 = 180명 \times 12{,}000원 = 2{,}160{,}000원$$

Activity 6-3 좌석회전율과 좌석점유율 정보를 활용하여 예상매출액을 산출해 보자.

스파게티 전문점 방문 당시의 좌석점유율은 70%, 좌석 수는 50석이며 하루 회전 수는 3회전이 예상되고, 객단가는 10,000원일 때 일 예상매출액을 구하시오.

4) 메뉴 선택비율을 이용하는 방법

메뉴 선택비율을 이용하여 매출을 예측하는 방법은 과거 판매기록을 이용하여 메뉴 품목별로 고객 수를 예측하는 방법으로 메뉴 품목별로 실제의 판매수량을 합계 낸 후 총고객 수로 나누어 메뉴별 선택비율을 산출할 수 있다.

$$\text{메뉴별 선택비율} = \frac{\text{메뉴별 판매 수}}{\text{총고객 수}}$$

표 6-3 메뉴 선택비율 이용 매출 예측 사례

날짜 / 메뉴	월평균		4/13/2019		4/12/2019		……	
	판매 수	판매 비율(%)	판매 수	판매 비율(%)	판매 수	판매 비율(%)	판매 수	판매 비율(%)
수프 & 샐러드								
머쉬룸수프	50	33.3						
콘수프	30	20.0						
가든샐러드	40	26.7						
(합계) 수프 & 샐러드	120	80.0	140	87.5	110	71.0	…	…
스테이크								
등심스테이크	70	46.7						
안심스테이크	40	26.7						
폭립	40	26.7						
(합계) 스테이크	150	100.0	150	93.8	150	96.8	…	…
음료 & 디저트								
마카롱	30	20.0						
아이스크림	50	33.3						

메뉴 \ 날짜	월평균		4/13/2019		4/12/2019		……	
	판매 수	판매 비율(%)	판매 수	판매 비율(%)	판매 수	판매 비율(%)	판매 수	판매 비율(%)
탄산음료	80	53.3						
(합계) 음료 & 디저트	160	106.7	110	68.8	200	129	…	…
총고객 수	150	100.0	160	100.0	155	100.0		

표 6–4는 총고객 수 180인의 고객 예측을 기초로 하여 수프 & 샐러드에 대한 판매를 예측한 것이다. 과거 판매기록을 이용하여 수프 & 샐러드의 총수량을 예측하면 144개가 산출된다. 그러나 이 수량보다는 좀 더 여유분을 두고 준비하도록 한다.

표 6–4 과거 판매 비율을 활용한 메뉴 수량 예측 사례

수프 & 샐러드	총고객 수		과거 판매 비율(%)		예측 수량
머쉬룸수프	180	×	33.3	=	60
콘수프	180	×	20.0	=	36
가든샐러드	180	×	26.7	=	48
수프 & 샐러드 합계					144

메뉴별 매출액은 총고객 수에 메뉴 선택 비율을 곱해 각 메뉴별 수량을 예측한 후 여기에 각 메뉴별 단가를 곱해 산출해낼 수 있다.

메뉴별 매출액 = 총고객 수 × 메뉴 선택 비율 × 단가

표 6-5 메뉴 선택 비율을 활용한 매출액 계산

메뉴	총고객 수	메뉴 선택 비율(%)	평균단가	메뉴별 매출액
주메뉴	90	60	10,000	540,000
부메뉴	90	30	4,000	108,000
샐러드	90	40	3,000	108,000
합계				756,000

Activity 6-4 메뉴 선택 비율을 이용하여 매출액을 계산해 보자.

레스토랑의 지난달 데이터를 보면 주메뉴 선택비율이 80%, 부메뉴 선택비율이 40%, 샐러드 선택비율이 70%이다. 주메뉴 단가는 10,000원, 부메뉴 단가는 4,000원, 샐러드 단가는 3,000원이고 총고객 수가 300명이라 할 때 메뉴별 예상 매출액과 총 예상 매출액을 구하시오.

5) 좌석회전율과 메뉴 선택비율을 이용하는 방법

예상매출액 산출을 총고객 수, 메뉴 선택 비율, 단가를 이용하여 계산할 수 있다고 앞에서 설명하였다. 이때 총고객 수를 정확히 알지 못하는 경우 이를 산출하기 위해서는 마찬가지로 앞에서 언급했던 다음의 공식을 이용할 수 있다.

총고객 수 = 좌석 수 × 좌석점유율 × 좌석회전율

매출액 = 총고객 수 × 메뉴 선택비율 × 단가

표 6-6 좌석회전율과 메뉴 선택 비율을 이용한 매출액 계산

메뉴	좌석 수	좌석 점유율	좌석 회전율	메뉴 선택 비율(%)	단가	매출액
함박스테이크	60석	50%	3	60	15,000	810,000
돈가스	90명			50	11,000	495,000
샐러드				40	9,000	324,000
빵				60	2,000	108,000
음료수				50	3,000	135,000
합계						1,629,000

Activity 6-5 좌석회전율과 메뉴 선택 비율을 이용하여 매출액을 계산해 보자.

레스토랑의 좌석 수는 50석, 좌석점유율 50%, 좌석회전율은 4, 주메뉴 선택비율은 60%, 부메뉴 선택비율은 30%, 샐러드 선택비율은 50%이다. 주메뉴 단가는 10,000원, 부메뉴 단가는 5,000원, 샐러드 단가는 3,000원일 때 메뉴별 예상 매출액과 총 예상 매출액을 구하시오.

3. POS 정보를 활용한 매출 분석

POS 프로그램은 실시간 매출을 분석할 수 있는 프로그램으로 프랜차이즈 외식업체 본사에서는 가맹점 매출을 관리하기에 용이하다는 장점도 있으므로 대부분의 프랜차이즈 매장에서는 POS를 사용하고 있다. POS는 회사마다 제공하는 정보의 유형은 약간씩 차이가 있지만 기본적으로 실시간 판매정보와 기간별 판매내역, 시간대별 판매내역, 상품분류별 판매내역 등의 정보를 제공한다.

다음은 한 김밥 브랜드 매장에서 사용하고 있는 POS 프로그램이다.

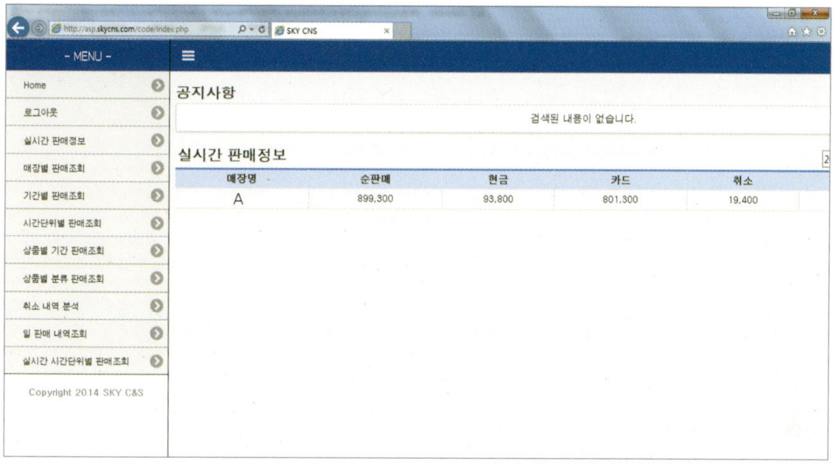

그림 6-1 POS 프로그램의 메뉴 화면

POS 프로그램의 메뉴로는 실시간 판매정보, 기간별 판매조회, 시간단위별 판매조회, 상품별 기간 판매조회, 상품별 분류 판매조회, 취소 내역 분석, 일 판매 내역 조회, 실시간 시간단위별 판매조회 등이 있다.

실시간 판매정보 메뉴에서는 순판매액에 대해 현금과 카드 매출 내역을 보여 주며 취소 매출을 보여 준다.

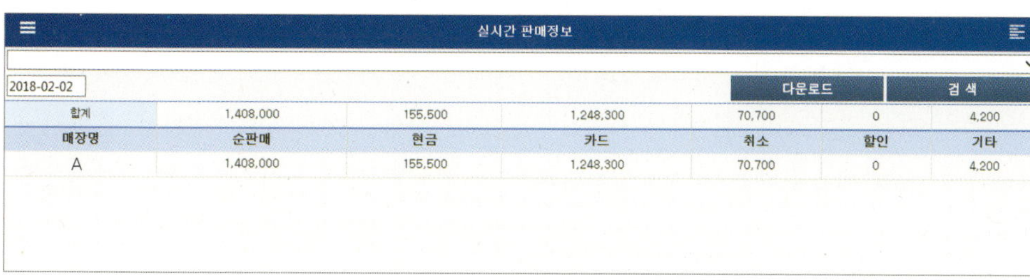

그림 6-2 POS 프로그램의 실시간 판매정보 화면

기간별 판매조회 메뉴에서는 판매일자별 실판매금액, 취소금액 내역을 보여 준다.

기간별 판매조회

일간 | 2018-01-09 ~ 2018-02-02 | 다운로드 | 검 색

판매일자	요일	판매총액	취소금액	실판매금액	현금	카드	온라인
합계		37,541,600	1,578,000	35,959,600	4,592,400	31,065,900	0
2018-01-09	화	1,518,900	45,800	1,473,100	180,800	1,287,800	0
2018-01-10	수	1,565,900	195,100	1,370,800	107,200	1,229,900	0
2018-01-11	목	1,398,000	42,200	1,355,800	116,300	1,201,300	0
2018-01-12	금	1,051,200	13,000	1,038,200	193,900	843,500	0
2018-01-13	토	1,585,400	26,700	1,558,700	192,800	1,356,900	0
2018-01-14	일	1,909,100	66,500	1,842,600	188,700	1,647,500	0
2018-01-15	월	1,446,000	68,700	1,377,300	164,700	1,208,400	0
2018-01-16	화	1,815,300	60,800	1,754,500	306,100	1,424,900	0

그림 6-3 POS 프로그램의 기간별 판매조회 화면

시간단위별 판매조회 메뉴에서는 시간대별 판매추이를 보여 준다.

시간단위별 판매조회

2018-02-01 ~ 2018-02-02 | 다운로드 | 검 색

시간대	순판매	현금	카드
합계	2,521,500	537,000	1,975,800
06시	3,200	0	3,200
07시	132,800	10,800	122,000
08시	339,700	278,500	61,200
09시	92,700	30,500	62,200
10시	102,900	4,500	98,400
11시	242,700	23,800	218,900
12시	360,000	42,600	308,700
13시	307,800	58,300	249,500
14시	213,400	7,700	205,700

그림 6-4 POS 프로그램의 시간단위별 판매조회 화면

상품별 기간 판매조회 메뉴에서는 기간설정에 따른 상품카테고리별 주문량, 판매단가, 판매가 및 전체 매출에서 차지하는 점유율에 대한 정보를 보여 준다. 이 정보를 토대로 메뉴 분석을 통해 매출이 부진한 메뉴에 대한 판매 중지방안을 고려해 볼 수 있다.

상품별 기간 판매조회

중분류 | 소분류

2018-02-01 ~ 2018-02-02 다운로드 검 색

분류명	상품명	주문량	판매 단가	판매가	점유율
합계		343	208,500	1,671,200	
김밥	불고기김밥	18	3,200	57,600	5.25%
김밥	(포장)불고기김밥	64	3,200	204,800	18.66%
김밥	튀김김밥	1	4,500	4,500	0.29%
김밥	(포장)튀김김밥	4	4,500	18,000	1.17%
김밥	참치김밥	7	4,200	29,400	2.04%
김밥	(포장)참치김밥	12	4,200	50,400	3.50%
김밥	김치김밥	4	4,500	18,000	1.17%

그림 6-5 POS 프로그램의 상품별 기간 판매조회 화면

취소 내역 분석은 취소가 발생한 시각과 취소금액을 보여 준다. 취소 내역이 갑자기 많아졌다든지 일정 시간대에만 반복적으로 취소 내역이 나타난다면 발생 원인에 대해 주의 깊게 확인해봐야 한다.

취소 내역 분석

2018-02-01 ~ 2018-02-02 다운로드 검 색

주문 시간	계산 시간	취소 원인	판매 총액	현금 금액	카드 금액	취소 금액
합계			100,700	4,500	12,500	83,700
2018-02-01 13:48	2018-02-01 20:41	-	4,500	0	0	4,500
2018-02-01 14:16	2018-02-01 14:16	-	9,000	4,500	0	4,500
2018-02-01 14:52	2018-02-01 14:53	-	16,500	0	12,500	4,000
2018-02-02 11:57	2018-02-02 11:57	-	19,400	0	0	19,400
2018-02-02 17:29	2018-02-02 17:32	-	4,500	0	0	4,500
2018-02-02 17:29	2018-02-02 17:32	-	3,900	0	0	3,900

그림 6-6 POS 프로그램의 취소 내역 분석 화면

읽을거리 POS를 활용한 전국 지역별 음료 선호도 분석 사례

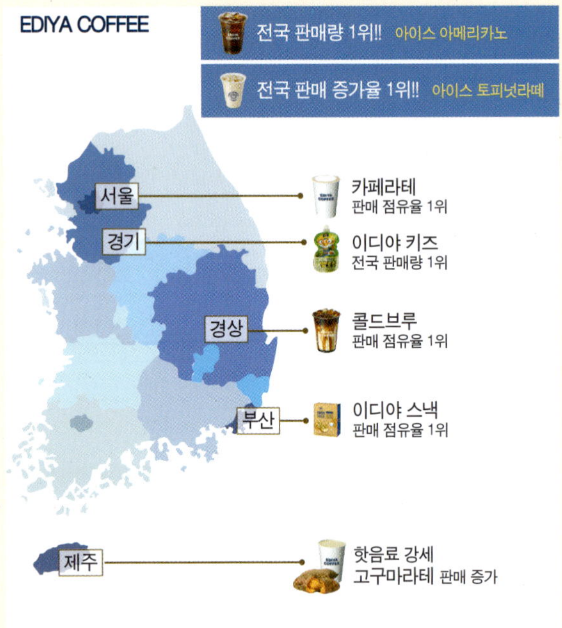

이디야커피는 2018년 전국 2,500여 개 가맹점의 POS 데이터를 분석하여 지역별 음료 제품 선호도를 비교하였다. 2018년 여름은 폭염이 심했기 때문에 아이스 아메리카노 제품이 모든 지역에서 판매량 1위를 차지하였고, 아이스 토피넛라테가 전년도 대비 약 76% 판매량이 증가하여 가장 판매율이 증가한 제품으로 기록되었다.

지역별로는, 서울권에서는 전체 음료 중 커피 음료의 판매 점유율이 가장 높았으며, 특히 라테(latte) 제품이 20% 이상으로 전국에서 가장 높은 판매 점유율을 보였다.

경기권에서는 주거지 비율이 높고 가족단위 고객이 많은 편이라 이디야키즈 뽀로로 같은 키즈 메뉴가 전국 평균 판매량과 대비하여 3배 정도를 기록하였다.

경상권에서는 콜드브루 라테와 콜드브루 화이트비엔나 제품의 판매 점유율이 타 지역에 비해 높은 편이며, 블렌딩 티, 빙수, 베이커리 등의 점유율도 높게 나타나 비교적 신제품에 대한 호기심이 많고, 다양한 메뉴에 대한 선호도 높은 지역의 특성을 보였다.

부산의 경우에는 이디야 스낵 같은 과자류의 매출이 서울권에 비해 두 배 이상 높았으며 제주 지역은 다른 지역에 비해 뜨거운 음료의 매출이 전년 대비 29%나 높게 나타났다. 특히, 고구마라테의 판매량이 전년 대비 55% 증가한 것으로 나타났는데, 이는 2018년 초 제주지역 강추위에 따른 날씨의 영향을 받은 것으로 판단된다.

출처 : 컨슈머타임즈(www.cstimes.com)(2019. 1. 23). 내용 저자 재구성.

읽을거리

매출 부진 외식업소의 매출관리방법

1. 매출곡선, 지출곡선 체크하기

먼저 매출 그래프 곡선의 방향을 면밀히 살펴본다. 물론 매출 하락의 원인은 경제 불황에 따른 국내 소비 위축, 수요 대비 공급 과잉으로 인한 경쟁력 약화 등의 외부적인 문제가 있겠지만, 매출 하락이 지속된다면 전년 동월 대비 매출 곡선이 어떤지, 월별 매출액, 시즌별 매출액, 시간대별 매출액, 요일별 매출액 등을 체크해봐야 한다. 특히, 점심시간대 매출과 저녁시간대 매출이 어떻게 달라지고 있는지, 기존 고객과 신규 고객의 빈도 등을 분석해본다.

지출곡선의 경우, 매출액 대비 식재료 원가, 임차료 비율, 인건비 비율 등을 점검해서 현재 메뉴와 운영 시스템으로 매출 곡선 상승이 가능할지 여부를 판단해야 한다.

2. 경쟁업소 및 소비자 분석하기

주변 대형 외식업체 및 프랜차이즈 업체 등을 수시로 살펴보고 소비자 선택 시 우리 업소가 우선순위에 드는지를 파악해본다. 또한 유동 고객을 대상으로 인터뷰를 하거나, 우리 업소의 음식 맛, 가격, 분위기, 서비스 등 전체적인 만족도 조사를 실시해본다.

3. 매출 활성화를 위한 대안 찾기

매출 활성화를 위한 상품, 가격, 서비스 등 마케팅 전략을 재수립한다. 예를 들어, 식사 매출을 늘리는 게 좋을지, 저녁시간대 주류 매출을 강화할지에 대한 판단이 선행되어야 한다. 또한 신규 고객 창출을 위한 온라인 마케팅을 강화하고, 1인 가구 수 증가에 대비한 1인 메뉴 추가와 시설에 대한 투자도 필요하다. 매장 내 매출 이외에도 테이크아웃, 배달, 택배 서비스, 곁들이찬 판매 매출 등도 고려해본다.

4. 대표 메뉴의 전환

매출 부진을 겪는 외식업소의 경우 한두 가지 메뉴를 추가한다고 해서 매출 상승으로 이어지기는 힘들 수 있다. 따라서 대표 메뉴를 바꾸고 이를 부각시킬 수 있는 브랜드 네이밍, 상호디자인, 내 · 외부 사인 디자인, 스토리텔링 작업 등을 재실시할 필요가 있다.

출처 : 한국외식신문(www.kfoodtimes.com)(2019. 2. 21). 저자 내용 재구성.

CHAPTER 7

손익분기점 분석

C H A P T E R

7

학 습 목 표

- 손익분기점 및 공헌이익의 의미를 이해할 수 있다.
- 손익분기점 그래프 작성을 통해 손익분기점 개념을 이해할 수 있다.
- 손익분기점 매출량과 매출액 산출방법을 알 수 있다.

외식업장이 운영에 소요된 비용을 회수하고 최소한의 이익을 내기 위한 판매량과 매출액을 분석하는 것은 판매전략 수립에 있어 매우 중요하다. 손익분기점 분석은 원가, 판매량, 이익의 상호영향을 분석하는 기법으로 CVPCost-Volume-Profit 분석이라고 한다. 이 장에서는 손익분기점의 개념 및 의미, 공헌이익의 개념, 손익분기점 달성을 위한 매출 분석방법을 살펴보도록 한다.

1. 손익분기점

1) 손익분기점의 개념

커피전문점을 창업한다고 가정해 보자. 상권 분석을 해보니, 동네 근처의 작은 점포를 임대하는 경우 월 임대료를 포함한 고정비는 약 100만 원으로 예상되었다. 커피 원두 등 단위당 원가는 한 잔에 약 1,000원으로 추정되었으며, 주변 커피 전문점에서는 커피 한 잔 가격이 3,000원이었다. 단위당 커피 원가를 계산해보니 한 달에 약 1,000잔의 커피를 판매하는 경우 커피 한 잔당 원가는 2,000원이 되며, 800잔의 커피를 판매한다면 한 잔당 원가는 2,250원이 된다. 그렇다면, 커피 가격을 얼마로 정하는 게 좋을까?

기업의 경영목표는 적정 이익을 창출하는 것이며, 이익은 수익매출액과 비용의 차이로 결정된다. 즉, 일정 기간 동안 발생한 총수익매출액에서 총비용을 제하고 남은 것이 이익이며, 총비용에서 총수익매출액을 제한 값은 손실이다.

총수익 > 총비용 이익

총수익 < 총비용 손실

따라서 총비용과 총수익매출액이 일치하는 시점에서는 이익도 손실도 발생하지 않게 되는데, 이러한 지점을 손익분기점BEP : Break-Even Point이라 한다. 손익분기점은 CVP 분석이라고도 한다. 즉, 생산량 또는 판매량volume의 변화가 기업의 원가cost와 이익profit에 미치는 영향을 분석하는 것으로 해석할 수 있으며, 이 세 가지 요인 중 어느 한 요인의 변화가 다른 요인에 어떤 영향을 주는지 종합적으로 분석하는 것을 의미한다. CVP 분석은 원가관리뿐 아니라 제품 선정, 가격 결정, 시설 투자 여부 등 기업의 단기적 의사결정문제에 광범위하게 사용되고 있다.

총수익 = 총비용 손익분기점

손익분기 분석은 비용과 이익에 관하여 다음과 같은 가정을 전제로 한다. 첫째, 판매가격의 변동이 없고, 둘째, 판매하는 음식의 품목이 일정하며, 셋째, 비용은 일정한 고정비와 판매량에 따라 비례적으로 증가하는 변동비로 구분된다. 이와 같은 가정에 따라 손익 분석을 통하여 매출에 따른 이익 정도, 원하는 이익을 얻기 위한 판매량, 가격변동에 따른 적절한 판매량의 변화 및 비용 변화 시 이익의 변화 등을 예측할 수 있다. 적용방법에 따라서는 좀 더 다양한 정보를 얻을 수 있으므로 외식업장의 효율적 관리를 위하여 손익분기점을 인식하는 것은 매우 중요한 일이다.

2) 손익분기점의 활용

손익분기점에서는 이익이 발생되지 않으며, 매출액이 비용을 초과하면 이익이 발생되고 매출액이 비용보다 적으면 손실로 나타난다. 손익분기점 분석을 통해 예상이익 실현에 필요한 매출액을 결정할 수 있고, 일정한 매출 수준을 달성하기 위한 고객 수와 객단가를 결정할 수 있으며, 만약 손익이 나지 않는다면 어느 정도의 비용을 절감해야 할지, 가격인상이나 할인가격 적용 시 인상률이나 할인율은 어느 정도로 정해야 할지에 대한 의사결정 등에 필요하다.

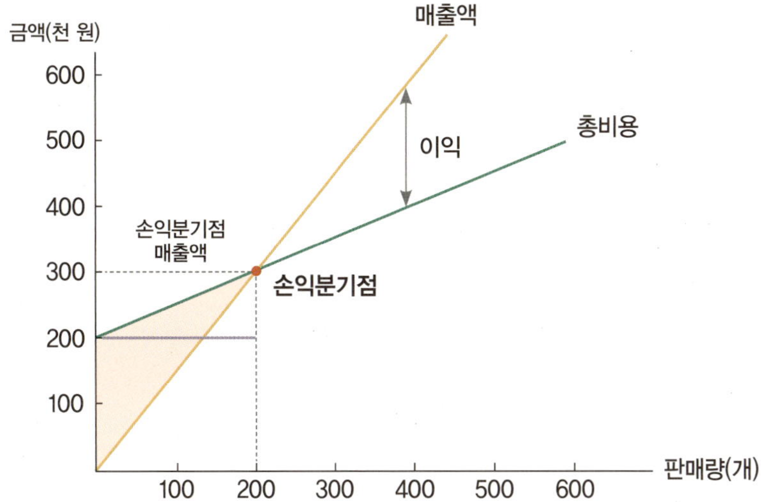

그림 7-1 손익분기점

2. 비용의 구분

손익분기점 분석을 하는 데 있어 매출에 대한 분석도 중요하지만 비용에 대한 분석이 보다 큰 비중을 차지한다. 왜냐하면 매출은 시장상황이나 가계 수준 등 기업이 통제할 수 없는 다양한 외부적 여건이 작용할 수 있는 반면 비용은 기업의 내부적 여건에 따라 통제 가능한 비용이 많은 비중을 차지하기 때문이다.

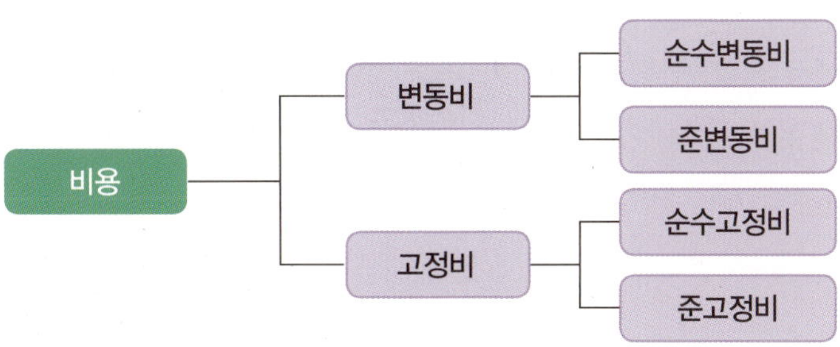

그림 7-2 비용의 구분

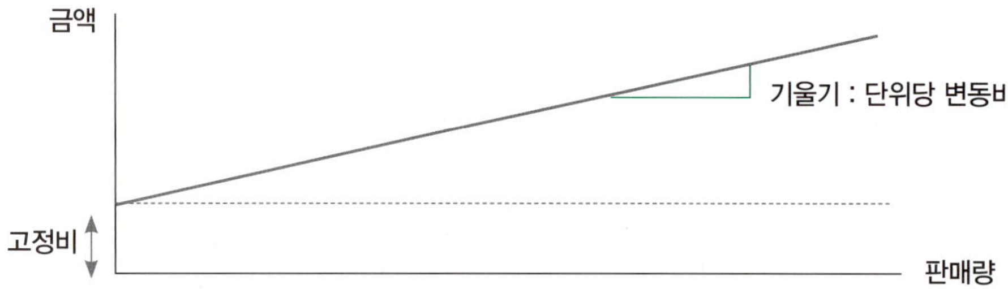

그림 7-3 준변동비와 판매량 관계

손익분기 산출을 위해서는 비용을 고정비와 변동비로 명확히 구분하는 일이 우선되어야 한다.

변동비는 식재료비나 일회용기 비용 등 판매량이 늘어나면 같이 늘어나는 비용이고, 고정비는 판매량과 관계없이 일정하게 발생하는 비용으로 직원인건비, 임차료, 세금, 광고비, 수선유지비, 감가상각비 등이 있다. 준변동비는 수도, 전기, 가스비 등 매출과 관계없이 발생하는 일정액의 고정비와 매출액의 변화에 따라 일정 비율로 증가하는 변동비로 구성된 비용이다. 준고정비는 시간제 인건비와 같이 일정 범위 내 매출액까지만 고정적이다가 일정 매출을 초과하면 계단형으로 상승하는 비용이다. 고정비와 변동비의 구분기준은 절대적이지 않으며 규모와 기업활동의 성격에 따라 달라질 수 있다.

3. 공헌이익

앞의 예시에서 커피 가격을 책정하기 전에 고민해야 할 부분은 손실이 나지 않으려면 어느 정도의 매출을 올려야 하는지를 검토하는 것이다. 이를 위에서 설명한 손익분기점의 개념으로 설명할 수 있다. 손익분기점이 중요한 이유는 손실을 피하기 위하여 경영자가 달성해야 할 수익매출액의 목푯값을 알려주기 때문이다.

커피 가격을 주변 시세에 맞춰 한 잔당 3,000원을 받을 경우 경영자는 최소한 한 달에

500잔을 팔아야 손익분기점을 넘길 수 있다. 500잔 이상을 판매할 경우 경영자는 커피 한 잔당 판매가격에서 변동비커피 한 잔당 1,000원를 제외한 부분만큼 순이익즉, 커피 한 잔당 2,000원을 얻을 수 있다. 이것을 공헌이익CM : Contribution Margin이라고 한다.

$$공헌이익 = 매출액 - 변동비$$

$$공헌이익률 = \frac{공헌이익}{매출액}$$

공헌이익이라는 표현은 매출이 고정비를 회수하고 이익창출에 얼마나 공헌할 수 있는지를 나타내는 개념으로 공헌이익이 고정비를 회수하지 못하면 손실이 발생하며 고정비를 회수할 수 있을 만큼 크다면 이익이 창출된다. 고정비가 모두 회수된 후에 공헌이익의 증가는 곧 순이익의 증가를 의미한다. 만약 500잔 이상의 커피를 판매할 수 있다면 500잔을 판매한 이후에는 프로모션 목적으로 단위당 커피 가격을 한시적으로 인하해도 되고, 반면 500잔 이하로 판매될 것으로 예상된다면 판매가격을 인상해야 할 수도 있다.

Activity 7-1 공헌이익과 공헌이익률을 계산해 보자.

1. 일 매출액 10,000,000원, 재료비 4,000,000원인 매장의 공헌이익과 공헌이익률을 계산해 보시오.

2. 커피 한 잔의 가격은 5,000원, 연 10,000잔 판매, 한 잔의 재료비 1,500원인 커피전문점에서 커피 한 잔 단위당 공헌이익과 단위당 공헌이익률, 연간 총공헌이익과 총공헌이익률을 계산해 보시오.

Activity 7-2 손익분기점 그래프의 이해 1

다음은 일 매출 기준 손익분기점 그래프를 직접 그려봄으로써 이해를 돕기 위한 예시문제이다.

> 한 닭강정 판매업소의 식재료비는 매출액의 50%를 차지하고, 2명의 직원이 일하고 있으며 인건비는 인당 월 240만 원인데, 한 달에 30일간 일하므로 하루에 8만 원씩 계산해 2명분 인건비로 16만 원이 지출되는 셈이다. 각종 경비로 고정적으로 지출되는 비용이 하루 4만 원이고, 임대료는 월 300만 원으로 1일 기준 10만 원이다. 객단가는 6,000원이다.

1. 이 업장의 일 고정비는 얼마인가?

2. 이 업장의 하루 매출이 40만 원인 경우 얼마의 이익이 발생하는가?

3. 이 업장의 하루 매출이 60만 원인 경우 얼마의 이익이 발생하는가?

4. 이 업장의 하루 매출이 80만 원인 경우 얼마의 이익이 발생하는가?

5. 위의 내용을 표로 정리해 보시오.

일 매출액	0원	40만 원	60만 원	80만 원	비고
변동비(재료비)					매출액의 50%
고정비					인건비 + 경비 + 임차료
총비용					변동비 + 고정비
이익					매출액 – 총비용
공헌이익					매출액 – 변동비
판매량					매출액/객단가

6. 이를 그래프로 그리고 손익분기점을 찾아보시오.

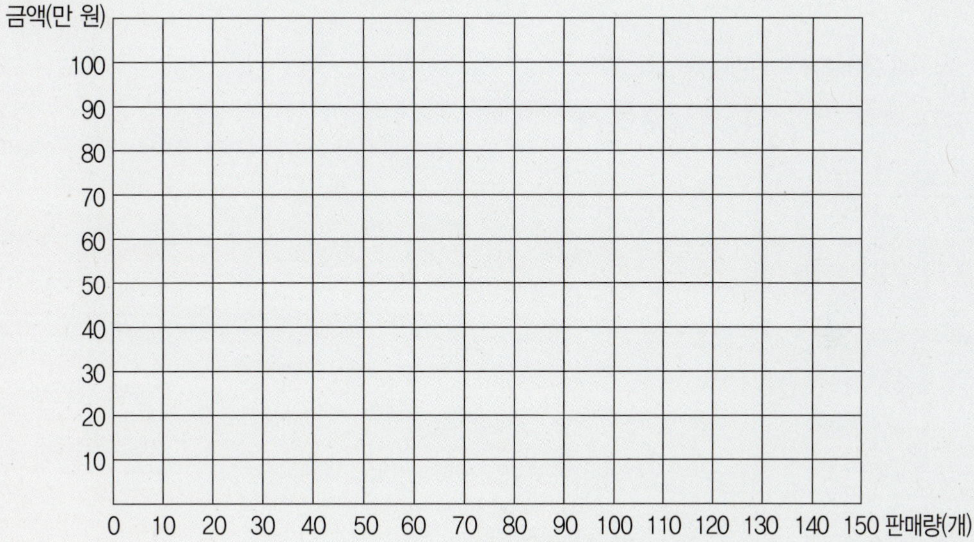

Activity 7-3 손익분기점 그래프의 이해 2

다음은 월 매출 기준 손익분기점 그래프를 직접 그려 봄으로써 이해를 돕기 위한 예시문제이다.

> 한 닭강정 판매업소의 식재료비는 매출액의 50%를 차지하고, 2명의 직원이 일하고 있으며 인건비는 인당 월 240만 원이다. 각종 고정성 경비로 지출되는 비용이 월 120만 원이고, 임대료가 월 300만 원이다. 객단가는 6,000원이고, 월 30일 영업한다.

1. 이 업장의 월 고정비는 얼마인가?

2. 이 업장의 하루 매출이 40만 원인 경우 한 달 기준 얼마의 이익이 발생하는가?

3. 이 업장의 하루 매출이 60만 원인 경우 한 달 기준 얼마의 이익이 발생하는가?

4. 이 업장의 하루 매출이 80만 원인 경우 한 달 기준 얼마의 이익이 발생하는가?

5. 위의 내용을 표로 정리해 보시오.

월 매출액	0원	1,200만 원	1,800만 원	2,400만 원	비고
변동비(재료비)					매출액의 50%
고정비					인건비 + 경비 + 임차료
총비용					변동비 + 고정비
이익					매출액 – 총비용
공헌이익					매출액 – 변동비
판매량					매출액/객단가

6. 이를 그래프로 그리고 손익분기점을 찾아보시오.

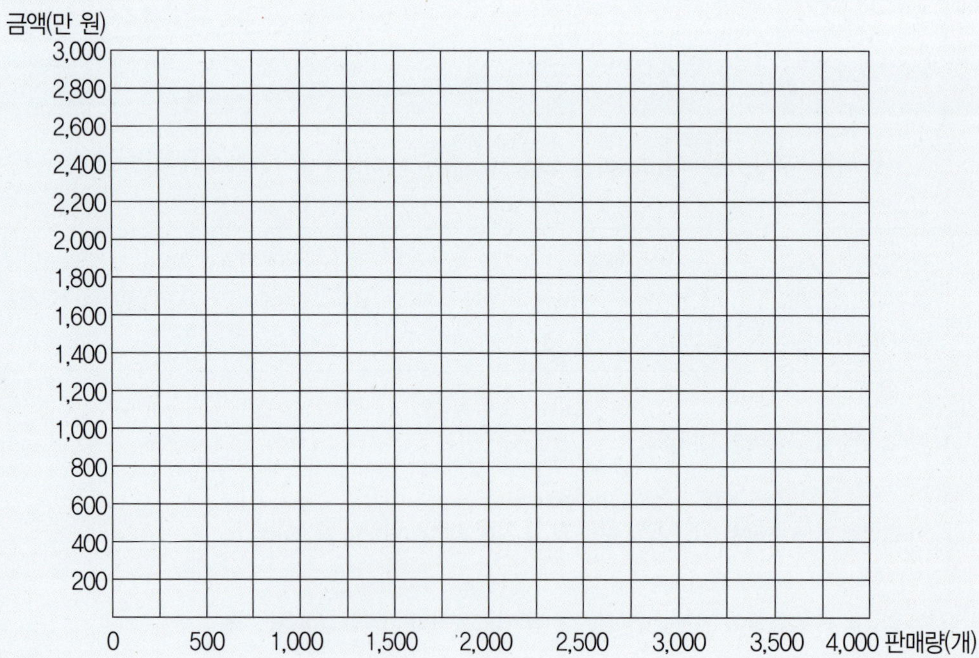

4. 손익분기점 분석방법

1) 손익분기점 판매량

손익분기점 판매량은 총수익과 총비용이 일치하여 이익이 0이 되는 판매량 수준을 의미하며, 일정 기간 동안의 고정비를 단위당 판매가격에서 단위당 변동비를 제한 값으로 나누어 산출할 수 있다. 여기서 단위당 판매가격에서 단위당 변동비를 제한 것은 앞서 언급한 단위당 공헌이익을 의미한다.

$$\text{손익분기점 판매량} = \frac{\text{고정비}}{\text{단위당 판매 가격} - \text{단위당 변동비}} = \frac{\text{고정비}}{\text{단위당 공헌이익}}$$

다음 스테이크 전문점의 판매자료를 참고하여, 손익분기점에 이르기 위한 월 판매량은 얼마가 되어야 할지 계산해보면 다음과 같다.

비프스테이크 가격 : 10,000원
비프스테이크 변동비 가격 : 6,000원
월간 고정비용 : 8,000,000원

$$\text{손익분기점 판매량} = \frac{\text{고정비}}{\text{단위당 판매가격} - \text{단위당 변동비}}$$

$$= \frac{8{,}000{,}000\text{원}}{10{,}000\text{원} - 6{,}000\text{원}} = 2{,}000$$

이는 월 2,000식 이상의 판매량을 달성해야 이익이 실현됨을 의미한다. 즉, 월 2,000식 미만을 판매할 경우 손실이 초래된다고 볼 수 있다.

2) 손익분기점 매출액

손익분기점 매출액은 손익분기점에 이르기 위한 매출액을 의미하며 일정 기간 동안의 고정비를 공헌이익률로 나누어 산출할 수 있다.

$$\text{손익분기점 매출액} = \frac{\text{고정비}}{\text{공헌이익률}}$$

또한 손익분기점 판매량을 알고 있다면, 단위당 판매가격에 손익분기점 판매량을 곱해서 구하는 방법도 있다.

$$\text{손익분기점 매출액} = \text{단위당 판매가격} \times \text{손익분기점 판매량}$$

다음 스테이크 전문점의 판매자료를 참고하여, 손익분기점에 이르기 위한 월 매출액은 얼마가 되어야 할지 두 가지 방법으로 계산해 보면 다음과 같다.

비프스테이크 가격 : 10,000원
비프스테이크 변동비 가격 : 6,000원
월간 고정비용 : 8,000,000원

방법 1 공헌이익률을 이용하여 계산하는 방법

$$\text{손익분기점 매출액} = \frac{\text{고정비}}{\text{공헌이익률}}$$

$$\begin{aligned}\text{공헌이익} &= 10{,}000 - 6{,}000 \\ &= 4{,}000\end{aligned}$$

$$\text{공헌이익률} = \frac{4,000}{10,000}$$
$$= 40\%$$

$$\text{손익분기점 매출액} = \frac{8,000,000}{40\%}$$
$$= 20,000,000\text{원}$$

방법 2 손익분기점 판매량을 이용하여 계산하는 방법

$$\text{손익분기점 매출액} = \text{단위당 판매가격} \times \text{손익분기점 판매량}$$
$$= 10,000\text{원} \times 2,000\text{개}$$
$$= 20,000,000\text{원}$$

이는 월 20,000,000원 이상의 매출액을 달성해야 이익이 실현됨을 의미한다. 즉, 월 20,000,000원 미만을 판매할 경우 손실이 초래된다고 볼 수 있다.

Activity 7-4 손익분기점 매출액과 판매량을 알아보자.

1. 컵밥을 판매하는 점포에서 개당 판매가격은 2,000원이고 변동비는 판매가격의 40%로 추정하고 있다. 월 고정비가 6,000,000원이라면 월간 손익분기점 판매량은 몇 개인지 계산해 보시오.

2. 한 생과일주스 전문점의 재료비는 매출액의 40% 정도로 사용되고 있으며, 직원 2명이 일하고 있는데, 한 직원은 월 2,100,000원, 다른 직원은 월 2,000,000원을 받는다. 고정적인 경비는 월 1,000,000원이 소요되며 임대료는 월 1,500,000원일 경우 월 매출 얼마 이상이 되어야 손해가 안 나는지 계산해 보시오.

3. 다음 커피 전문점의 매출액과 점포 운영비용을 정리한 표를 보고, 손익분기점 매출액을 계산해 보시오.

과목			금액	구성비(%)
총매출액			**40,000,000**	100.00
	1. 결제금액		36,000,000	90.00
	2. 할인		0	–
	3. 현금		4,000,000	
변동비	매출원가(식재료비)		16,000,000	40.00
매출이익			24,000,000	60.00
	임대료		**3,000,000**	7.50
		임대원금	2,500,000	
		리스대금	250,000	
		부가세	250,000	0.63
	인건비		**8,000,000**	20.00
		급료, 수당	7,600,000	19.00
고정비		금연수당	30,000	0.08
		상여금, 인센티브	0	–
		교통비	100,000	0.25
		4대 보험	90,000	0.23
		복리후생비	465,600	2.91
		기타	50,000	0.13
	고정비 합계		**11,000,000**	
	1. 수도광열비		**900,000**	2.25
		가스비	350,000	0.88
		전기료	280,000	0.70
		상하수도	150,000	0.38
		기타	0	
	2. 물품 구입비		**200,000**	
		비품	50,00	0.50
		설비, 집기	130,000	0.14
		기타 소모품	20,000	0.08
	3. 판매 촉진비		**200,000**	
변동비		판촉, 광고비	**0**	–
		물품 제작비	0	
	4. 잡비, 기타		**1,300,000**	3.25
		통신비	80,00	0.20
		택배비	20,000	0.05
		수수료	0	–
		카드 수수료	972,000	2.43
		기타 지출	90,000	0.25
		위생비	38,000	0.10
		보안	100,000	0.25
	변동비 합계		**2,600,000**	
영업이익			**10,400,000**	26.00

5. 목표이익을 고려한 손익분기점 분석

손익분기점은 이익이 0이 되는 매출액 또는 판매량을 의미하는 것이며, 앞에서 언급된 손익분기점 공식들은 특정 수준의 목표이익을 달성하기 위해 필요한 매출액 또는 판매량을 파악하는 데도 적용해 볼 수 있다.

1) 목표이익 판매량

목표이익 판매량은 목표이익을 설정하였을 때 이를 달성하기 위한 판매량으로 일정 기간 동안의 고정비에 목표이익을 더한 값을 단위당 판매가격에서 단위당 변동비를 제한 값 **즉, 단위당 공헌이익**으로 나누어 산출할 수 있다.

$$\text{목표이익 판매량} = \frac{\text{고정비} + \text{목표이익}}{\text{단위당 판매 가격} - \text{단위당 변동비}} = \frac{\text{고정비} + \text{목표이익}}{\text{단위당 공헌이익}}$$

2) 목표이익 매출액

목표이익 매출액은 목표이익을 설정하였을 때 이를 달성하기 위한 매출액을 의미하며 일정 기간 동안의 고정비에 목표이익을 더한 값을 공헌이익률로 나누어 산출할 수 있다.

$$\text{목표이익 매출액} = \frac{\text{고정비} + \text{목표이익}}{\text{공헌이익률}}$$

Activity 7-5 목표이익을 달성하기 위한 매출액과 판매량을 알아보자.

1. 컵밥을 판매하는 점포에서 개당 판매가격은 2,000원이고 변동비는 판매가격의 40%로 추정하고 있다. 월 고정비가 6,000,000원이고 월 목표이익이 9,000,000원이라면 월간 얼마의 매출을 올려야 목표이익 달성이 되는지 계산해 보시오.

2. A 식품제조업체에서는 과일잼 한 병당 10,000원에 판매하고 있다. 잼 제조 시 발생하는 변동비는 한 병당 5,000원이고 고정비는 2,000,000원이다. 이 업체에서 목표이익 1,500,000원을 얻기 위해서는 잼 몇 병을 생산하여 판매하여야 하는지 계산해 보시오.

읽을거리

커피 원두 수입가격은 낮아지는데, 커피 가격이 오르는 이유는?

스타벅스 아메리카노 톨사이즈는 4,100원부터 크기에 따라 7,000원대에 달한다. CJ푸드빌의 투썸플레이스 아메리카노 커피 레귤러는 4,100~5,000원대이며, 롯데그룹의 엔제리너스 아메리카노 스몰 사이즈는 4,300~6,000원이다. 이디야는 아메리카노 핫은 3,200~5,000원이다. 참고로 한국의 스타벅스 카페라테 톨사이즈는 4,600원, 일본은 약 3,800원, 중국은 약 4,300원, 미국에서는 약 4,100원에 판매하고 있다.

관세청에 따르면, 한국인의 1인당 커피 소비량은 연평균 512잔이라고 한다. 또한 여러 조사에서 소비자들은 현재 커피값에 대해 비싸다고 답하고 있다. 사실 국민 절대다수가 고객인 시장에서 커피값이 비싸다는 것은 국민 경제에도 큰 부담이 될 수 있으며, 대부분 대기업 계열이 운영하고 있는 커피전문점 시장을 고려하더라도 고가의 커피 가격은 공정경제의 측면에서 문제가 될 수 있다.

한편, 최근 국제시장에서 커피의 원재료인 원둣값은 하락하고 있다. 페루의 경제매체인 게스천(Gestion)에 따르면 원두 공급시장의 1위인 브라질이 생산 고도화에 나서고, 2위 국가인 베트남에서도 생산량이 증가하는 등의 이유로 국제시장의 원두 가격은 낮아지고 있다. 세계커피기구(ICO)의 '종합 커피 물가지수'에 따르면 파운드(약 0.45㎏)당 원둣값은 지난 2019년 4월, 1개월 평균 73.68달러였다. 이는 지난해 11월 109.59달러와 12월 100.61달러에 비해 크게 하락했다. ICO는 이 같은 하락에 대해 2018/19 커피 시즌(2018년 4월~2019년 3월)의 과잉 생산을 원둣값 하락의 이유로 분석했다. 그럼에도 불구하고, 커피업계 관계자들은 커피 판매 단가에는 관세와 로열티 등이 포함되어 있어 가격을 낮추기 어렵다고 설명한다. 예를 들어, 1잔에 4,000~5,000원 하는 아메리카노 커피는 원료인 원두 가격에 관세 8%, 로열티 5% 안팎, 체인점 가맹비, 유통마진, 매장 임대료, 인건비 등 여러 비용이 고려되어 책정되고 있다.

로열티의 경우, 스타벅스 코리아는 상표 · 기술 사용 계약을 통해 매출의 5%가량을 미국 스타벅스 본사에 로열티를 내고 있다. 즉, 1잔에 4,100원 하는 아메리카노에 200원 남짓의 로열티가 포함되어 있는 것이다. 더군다나 매장 임대료는 해마다 오르고 있다. 한국감정원에 따르면, 서울 소규모 상가의 m^2당 임대료는 5만 4,600원이다. 만약 서울에 $82m^2$(약 25평)의 매장을 가지고 있다면 월 임대료는 약 447만 원에 이른다. 또한 2019년 시간당 최저임금은 전년 대비 10.9% 인상된 8,350원이다. 한 주에 15시간을 일하는 근로자에게 유급휴일에 제공하는 주휴수당도 챙겨야 하기 때문에 인건비 부담도 무시할 수 없다.

출처 : 글로벌이코노믹(news.g-enews.com)(2019. 5. 29). 내용 저자 재구성.

CHAPTER 8

메뉴 가격결정

C H A P T E R

8

학 습 목 표

- 메뉴 가격결정에 영향을 주는 요인을 설명할 수 있다.
- 메뉴 가격결정방법을 설명할 수 있다.
- 메뉴 가격전략을 수립할 수 있다.
- 가격조정전략을 적용할 수 있다.

가격은 상품과 고객을 연결하는 매개체로 고객은 욕구를 충족하기 위해 일정한 가격을 지불하고 상품을 구입하게 된다. 외식업에서의 상품인 메뉴 가격은 고객의 외식 장소 및 메뉴 선택에 영향을 줄 뿐 아니라 매출과 이익 창출의 출발점이 된다. 심화되는 경쟁환경 속에서 메뉴의 가격은 경쟁우위의 원천이 되기도 한다. 최적의 메뉴 가격을 결정하기 위해서는 전략적인 접근이 필요하다. 가격을 결정할 때 메뉴를 만들기 위해 소요된 원가부터 고객의 외식상품에 대한 가치 인식 수준 등 다양한 요소들이 고려되어야 한다. 이 장에서는 가격결정요인, 가격결정방법, 가격전략, 가격조정전략 등을 다루기로 한다.

1. 가격결정요인

외식업을 운영하면서 메뉴의 가격을 얼마로 할 것인지 결정하는 것은 매우 중요한 경영상의 의사결정이다. 일반적으로 매출을 극대화할 수 있는 가장 높은 가격과 손해 보지 않고 판매할 수 있는 가장 낮은 가격 사이에서 가격을 결정하게 된다. 메뉴에 대해 고객이 인식하는 가치 수준은 가격의 상한선을 결정하는 중요한 기준이다. 고객이 충분히 가치 있는 메뉴라고 인식한 경우에는 다소 가격이 높아도 구매가 이루어질 수 있다. 메뉴를 만드는데 소요된 원가는 가격 하한선을 결정하는 기준이 된다. 원가 이하의 가격에서는 이익이 발생하지 않으므로 더 낮은 가격은 책정할 수 없다.

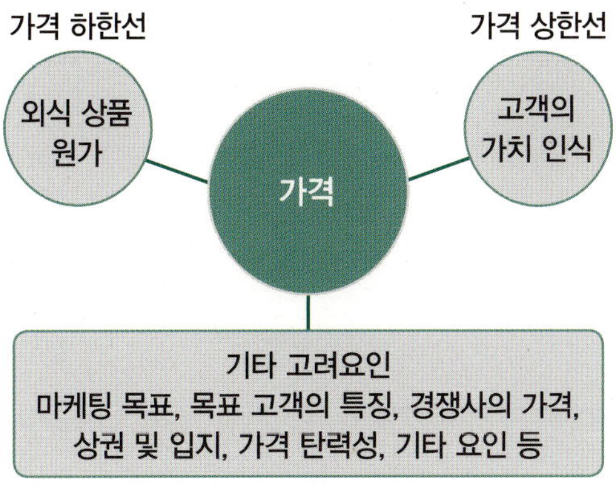

그림 8-1 메뉴 가격결정요인

외식상품원가와 고객의 가치 인식 수준 사이에서 가격을 결정할 때 여러 가지 내·외부 요인들이 함께 고려되어야 한다.

- 마케팅 목표 : 외식업을 운영하면서 매출 극대화, 이윤 극대화, 시장점유율 극대화 등 어떠한 마케팅 목표를 지향하느냐에 따라 가격결정이 달라진다.
- 목표 고객의 특징 : 목표 고객이 외식에 지출할 수 있는 가격의 범위가 어느 정도인가를 고려해야 한다.
- 경쟁사의 가격 : 고객들은 메뉴를 구매할 때 가격과 가치를 다른 곳과 비교하므로 경쟁사의 가격 수준을 고려해야 한다.
- 상권 및 입지 : 외식업소가 위치한 상권과 입지에 따라 가격이 달라질 수 있다. 해당 상권에서 일반적으로 형성되어 있는 유사 메뉴의 가격대를 가격결정 시 참고한다.
- 가격탄력성 : 가격탄력성price elasticity은 가격의 변화에 대해 수요량이 변하는 정도로 고객이 가격에 얼마나 민감한지를 나타내 주는 지표이다. 가격탄력성이 낮은 경우에는 가격을 인상해도 수요에 크게 영향을 주지 않고, 가격탄력성이 높은 경우에는 가격이 인상될 때 수요가 감소하므로 매출이 감소하게 된다.
- 기타 요인 : 가격결정 시 경제여건, 물가 수준, 정부 규제, 사회적 책임 등 다양한 요소들이 고려될 수 있다.

2. 가격결정방법

가격을 결정하는 방법은 원가 기반 가격결정cost-based pricing과 가치 기반 가격결정value-based pricing이 있다. 원가 기반의 가격결정은 메뉴를 생산, 유통, 판매하는 데 소요된 모든 원가의 총합인 총원가에 적정 수준의 이윤을 더해서 가격을 결정하는 방법이다. 가치 기반의 가격결정은 고객이 인식한 가치 수준을 근거로 가격을 책정하는 방법이다. 동일한 메뉴라 하더라도 다른 가격이 정해질 수 있다. 가격결정에서 가장 중요한 것은 고객의 지불 의사 수준에 맞게 책정되어야 한다는 것이다.

1) 원가 기반 가격결정

원가 기반 가격결정은 메뉴의 원가가 얼마인지 계산하여 적정 수익을 창출할 수 있는 선에서 가격을 결정하는 방법이다.

(1) 가격 팩터법

가격 팩터법price factor method은 메뉴의 가격을 결정하는 가장 기본적인 방법은 메뉴를 만드는 데 소요된 식재료원가에 가격 팩터를 곱해서 계산하는 방법이다.

$$\text{가격 팩터법} = \frac{100}{\text{식재료 비율}}$$

$$\text{메뉴 가격} = \text{식재료비} \times \text{가격 팩터}$$

예를 들어, 메뉴의 식재료 비율 평균이 30%인 외식업소의 경우 가격 팩터는 3.3이 된다. A 메뉴를 만드는 데 사용된 식재료비가 5,000원인 경우 메뉴 가격은 1만 6,500원으로 책정할 수 있다.

$$\text{가격 팩터} = \frac{100}{30} = 3.3$$

$$\text{메뉴 가격} = 5{,}000\text{원} \times 3.3 = 16{,}500\text{원}$$

(2) 공헌마진법

공헌마진법contribution margin method은 메뉴의 가격을 결정할 때 식재료원가와 함께 공헌마진을 고려하는 방법이다. 여기서 공헌마진은 메뉴를 판매하여 얻기를 희망하는 이익이다. 고객당 평균 공헌마진은 식재료원가 이외의 비용에 희망하는 이익을 더한 후 예상 고객 수로 나누어 계산할 수 있다.

$$\text{고객 1인당 평균 공헌마진} = \frac{\text{식재료원가 이외의 비용} + \text{희망하는 이익}}{\text{예상 고객 수}}$$

$$\text{메뉴 판매 가격} = \text{고객 1인당 평균 공헌마진} + \text{식재료원가}$$

예를 들어, 한 달간 식재료원가 이외의 비용이 3,500만 원이고, 희망하는 이익이 500만 원인 외식업소에서 예상 고객 수를 4,000명이라고 할 때 고객 1인당 평균 공헌마진은 1만 원이 된다. A 메뉴의 식재료원가가 4,500원일 경우 메뉴 판매가격은 1만 4,500원으로 책정할 수 있다.

$$\text{고객 1인당 평균 공헌마진} = \frac{35{,}000{,}000\text{원} + 5{,}000{,}000\text{원}}{4{,}000\text{명}} = 10{,}000\text{원}$$

$$\text{메뉴 판매 가격} = 10{,}000\text{원} + 4{,}500\text{원} = 14{,}500\text{원}$$

Activity 8-1 메뉴 가격을 결정해 보자.

1. 스테이크 메뉴의 식재료 비율이 35%이고, 스테이크를 만드는 데 사용된 식재료원가가 12,000원인 경우 가격 팩터법을 이용하여 스테이크 가격을 책정해 보자.

2. 5월 한 달 식재료원가 이외 비용이 200만 원이고, 300만 원의 이익을 희망하는 카페에서 예상 고객 수는 500명이다. 커피 한 잔의 식재료원가가 1,000원인 경우 커피 음료 가격을 책정해 보자.

2) 가치 기반 가격결정

가치 기반 가격결정은 고객 입장에서 가격을 책정하는 방법이다. 판매하고자 하는 메뉴에 대해 고객들이 지불할 수 있다고 생각되는 가격 수준을 고려해 가격을 책정한다. 예를 들어, 고객들이 매장을 갖춘 외식업소에서 풀서비스를 받으며 먹는 피자 한 판에 대한 적절한 가치 수준을 1만 5,000원으로 인식하고 있다면 이 수준에서 가격을 결정하는 것이다.

그런데 특별한 재료를 사용하는 경우, 특별한 방법으로 음식이 만들어지거나 서비스가 이루어지는 경우, 매우 고급스러운 매장에서 식사하는 경우 등과 같이 여러 상황요소에 따라 고객들이 인식하는 가치 수준은 달라지게 되고 더 높은 가격 수준을 책정해도 고객들이 이를 수용할 수 있다. 반면, 고객들이 외식업소가 제공한 메뉴에 대해 가치를 느끼지 못하는 경우에는 낮은 가격 수준이라 해도 만족하지 못하게 된다.

고객들이 인식하는 가치 수준은 계속 변화한다. 고객의 가치는 메뉴와 관련된 직접적인 요인뿐 아니라 경쟁사의 가격, 새로운 경쟁자의 등장, 물가 수준, 경제상황 등 다양한 요인에 의해서도 달라질 수 있다. 따라서 고객들이 인식하는 가치 수준은 항상 달라질 수 있다는 점을 염두에 두고 외식시장의 변화를 면밀히 관찰해야 한다.

읽을거리 **우리나라 외식업체의 객단가 수준**

외식업의 객단가는 고객 1인이 지불하는 가격이다. 한국농촌경제연구원이 조사하여 발표한 '2017년 외식업 경영실태 조사 보고서'에 의하면 전체 외식업체의 객단가 평균은 1만 5,447원으로 전년(1만 3,783원) 대비 상승하였다. 업종별로는 주점업(3만 9,514원)의 객단가가 높았고, 지역별로는 서울권(2만 1,759원)이, 매출액 규모별로는 5억 원 이상 외식업체(5만 4,011원)의 객단가가 높았다. 프랜차이즈 외식업체의 객단가는 1만 870원, 비프랜차이즈의 객단가는 1만 6,638원 수준이었다.

일반음식점의 객단가는 1만 2,000원 선이었고, 일반음식점 외 외식업체의 객단가는 2만 원 이상으로 나타났다.

(단위 : %)

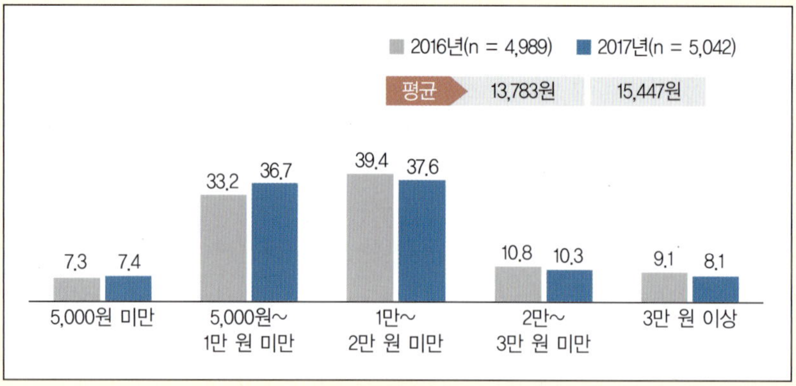

객단가 분포

출처 : 한국농촌경제연구원(2017).

3. 가격전략

고객들에게 얼마나 매력적인 가격을 제시하는가는 외식업의 중요한 성공요인이 된다. 고객들에게 합리적이라고 인식되지 못한 가격의 메뉴는 고객의 선택을 받지 못하게 되고 매출로 이어지지 않는다. 가격전략은 마케팅전략의 한 부분으로 외식업의 매출과 이익을 극대화하기 위해 다양하게 전개될 수 있다.

1) 가격 차별화 전략

가격 차별화 전략은 판매 시점, 고객층, 메뉴 종류, 추가 혜택 등 다양한 요인에 따라 가격을 다르게 책정하는 방법이다. 메뉴가 판매되는 시점에 따라 동일 메뉴도 다른 가격으로 판매할 수 있다. 원 가격이 9,000원인 설렁탕을 점심시간에는 8,000원에 판매하여 고객의 유입을 증대시키는 경우가 이에 해당한다. 고객층에 따라서도 가격을 달리할 수 있는데, 가족고객이나 연인고객의 경우 일정 비율 가격을 할인해 줌으로써 방문율을 높일 수도 있다.

커피 전문점의 경우 Short, Tall, Grande, Venti 등 음료의 크기에 따라 차이를 두어 가격을 책정하고 샷 추가나 휘핑크림 등 추가 옵션을 선택하는 경우 추가 요금을 지불하게 하는 가격 차별화 전략을 사용한다. 즉, 고객이 커피 음료를 본인의 취향에 맞춰 주문할 수 있도록 해 주면서 매출과 이익을 극대화할 수 있는 방법이다.

매장에서 식사할 때의 가격, 배달 서비스 가격, 테이크아웃 가격을 모두 다르게 책정하는 가격 차별화 전략도 있다.

2) 묶음 가격전략

묶음 가격전략은 여러 메뉴를 동시에 구매하는 고객에게 각각을 구매할 때와 다른 차별적 혜택을 제공하는 방법이다. 외식업에서 흔히 사용되는 가격전략으로 다양한 세트를 구성하여 각각의 메뉴 가격의 합보다 저렴한 가격을 제시함으로써 고객들의 구매를 유도하고 합리적인 구매를 했다는 심리적인 만족감을 준다.

그림 8-2 묶음 가격전략의 예

3) 유인 가격전략

유인 가격전략은 저렴한 가격의 메뉴 아이템으로 고객들의 관심을 끌어 외식업소를 방문하도록 한 후 다른 메뉴도 구매하도록 유도하는 가격전략이다. 주로 구매율과 인지도가 높은 메뉴를 저렴한 가격으로 판매하는데, 이때 가격을 낮춘 메뉴는 매출에 기여하는 정도가 낮을 수 있으나 이윤이 높은 다른 메뉴들의 구매로 인해 전체적인 매출을 증대시키는 전략이다.

4) 심리적 가격전략

고객들이 가격에 대해 인식할 때 적용할 수 있는 심리적인 요인들이 있다. 홀수 가격은 짝수 가격보다 고객들에게 더 저렴하게 느껴지며 할인받았다는 착각을 일으킨다. 메뉴의 가격을 중량으로 표시하는 경우 고객들은 구매한 양에 대해서만 가격을 지불한다고 생각하여 합리적인 지출을 했다고 인식할 수 있다. 또한 평일 런치와 디너, 주말 가격과 같이 시간대에 따른 가격 차별화 전략을 실시함으로써 가격정책이 합리적이라는 인식을 줄 수도 있다.

그림 8-3 심리적 가격전략의 예

읽을거리

프리미엄 외식업체의 객단가와 매출액은 어느 정도 수준일까?

외식산업에 대한 소비자들의 기대 수준이 높아짐에 따라 업종의 다양화와 품질의 다양화가 지속되고 있다. 해외의 경우 '파인 다이닝'이라는 개념으로 고급 외식 소비시장이 이미 형성되었고, 국내는 전체적인 외식시장의 규모에 비해 현재 파인 다이닝이 차지하는 비율은 극히 미미하나 외식시장에 미치는 영향은 상당히 크다고 볼 수 있으며, 파인 다이닝 레스토랑에서 사용하는 새롭고 희귀한 식재료와 메뉴, 서빙 시스템과 인테리어 등은 대중적인 외식산업 전반에 큰 영향을 미치고 있다.

이러한 배경으로 국내 프리미엄 외식업체의 런치 98개, 디너 100개 메뉴를 대상으로 조사한 결과, 런치 객단가 평균은 4만 7,104원, 디너 객단가 평균은 8만 4,855원으로, 업종별로는 모던한식이 런치 8만 2,667원, 디너가 13만 8,222원으로 가장 높고, 뒤이어 프랑스식이 런치 5만 1,419원, 디너가 10만 7,697원으로 나타났다.

구간별로 보았을 때 런치에서 가장 많은 응답 수를 보이는 구간은 3만 원 이상~5만 원 미만, 디너 객단가에서 가장 높은 응답을 차지한 구간은 7만 원 이상~10만 원 미만 구간대로 나타났다.

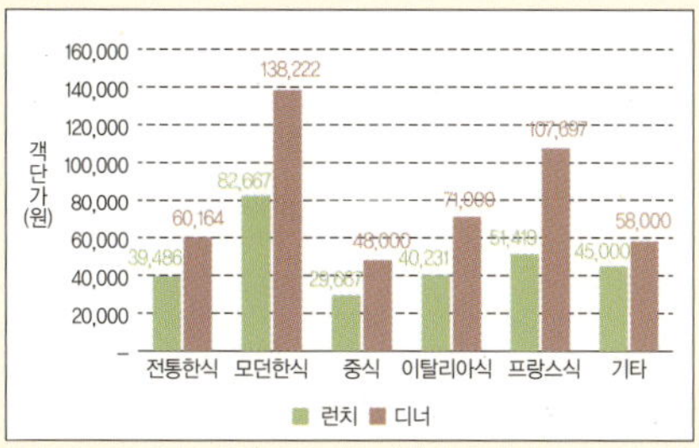

(n = 100)

프리미엄 레스토랑의 업종별 평균 객단가

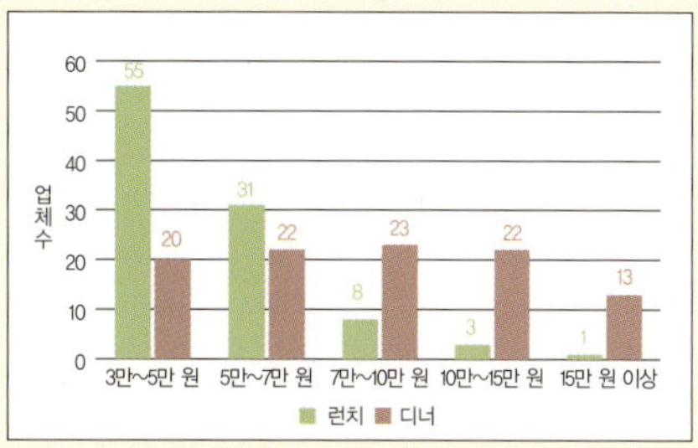

(n = 100)

프리미엄 레스토랑 객단가 분포

프리미엄 외식시장과 일반 외식시장의 연 매출액을 비교해 보면, 일반 외식시장의 경우 가장 적은 소득구간인 연간 5,000만 원 미만의 매출을 올리는 곳이 36.7%로 가장 높으며, 그 다음으로는 연간 1억~5억 원 미만의 소득을 올리는 곳이 33%로 많았다. 반면, 프리미엄 외식업계에서 가장 높은 비율을 차지하는 매출액 구간은 연간 8억 4,000만~12억 원 미만 구간대로, 31%의 레스토랑이 이에 속하며 그 밖에 12억~18억 원 미만 구간이 23%, 6억~8억 4,000만 원 미만 구간이 17%로 나타났다.

구간대를 비교해보면, 65만 개의 국내 외식업시장에서 가장 높은 구간을 차지하는 수익 구간은 연간 5,000만 원 미만의 구간대로, 전체의 67%이었으며, 전체 94%의 레스토랑은 연간 5억 원 미만의 매출을 올리고 있으나, 반면 프리미엄 레스토랑 시장에서는 3억 6,000만 원 미만 수익을 올리는 곳이 전체의 10%에 불과하며, 90%에 달하는 레스토랑이 연 매출 3억 6,000만 원 이상인 것으로 집계되어 연 매출액 측면에서 프리미엄 외식시장이 월등한 것으로 나타났다.

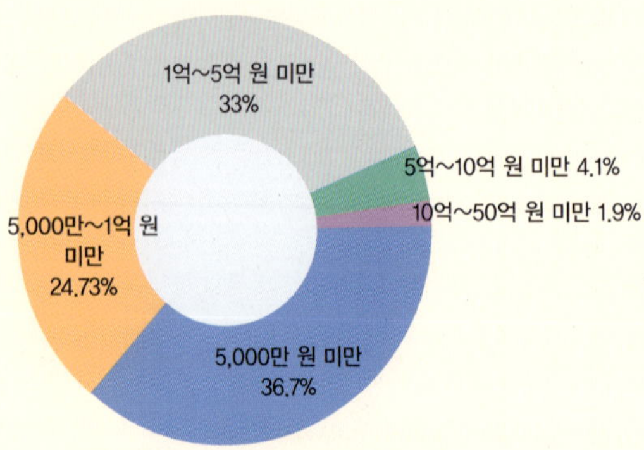

2015 외식시장 일반 연 매출액

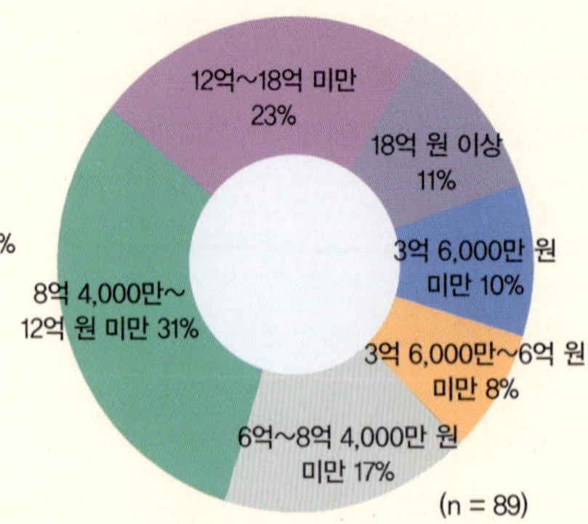

프리미엄 외식시장 연 매출액

출처 : 농림축산식품부 · 한국농수산식품유통공사(2017. 10).

4. 가격조정전략

외식업을 운영하는 중간에 가격을 조정해야 할 필요가 생기는 경우가 있다. 식재료비나 인건비의 상승으로 가격 인상이 불가피한 경우도 있고 더 많은 고객을 유치하기 위해 가격 인하전략을 펼치게 되는 경우도 있다. 가격조정전략은 고객이 인식하는 메뉴의 가치 수준에 영향을 주기 때문에 신중한 의사결정이 되어야 한다.

1) 가격인하전략

외식업에서 방문고객 수와 매출 증대를 위해 가격인하전략을 흔하게 사용한다. 프로모션의 일환으로 일시적으로 가격을 할인하기도 하고 새로운 메뉴를 출시한 경우 고객의 선택을 유도하기 위해 출시 시점에 가격을 인하하기도 한다.

메뉴 가격을 인하하면 고객의 선택률을 높여 매출이 증가할 수는 있으나 이익이 감소한다. 감소한 이익의 폭이 외식업소에서 추구하는 최소한의 이익 범위에 있는지 판단해 봐야 한다.

가격인하전략을 사용할 때 특히 유의해야 할 점은 한번 인하한 가격은 원래 가격으로 되돌리기 어렵다는 것이다. 인하된 가격에 메뉴를 구입해 본 고객들은 이미 그 가격으로 가치 인식을 하기 때문에 할인 기간이 끝나 원래 가격으로 되돌렸을 때 상대적으로 가격이 비싸다고 인식할 수 있다.

그림 8-4 가격인하전략의 예

2) 메뉴 분석에 의한 가격조정전략

외식업을 운영하면서 각 메뉴별 판매량이나 원가 비율의 변동에 따라 기존에 책정했던 가격의 적정성을 평가하고 가격을 조정하는 전략을 사용할 수 있다. 대표적으로 메뉴 엔지니어링menu engineering에 의해 메뉴를 평가하는 방법과 ABC 분석에 의해 메뉴를 평가하는 방법이 있다.

메뉴 엔지니어링 방법은 메뉴의 인기도판매량와 수익성공헌이익을 기준으로 메뉴를 4가지 유형Star, Puzzle, Plowhorse, Dog으로 분류한 후 각 메뉴의 운영전략을 제시하는 방법이다. 물론 이 방법에서의 메뉴 운영전략이 가격의 조정만을 의미하지는 않지만 인기도를 크게 떨어뜨리지 않는 선에서 수익성이 낮은 메뉴의 가격 조정을 통해 메뉴를 개선시킬 수 있다.

ABC 분석방법은 메뉴를 총매출에 기여하는 정도에 따라 순서대로 나열한 후 매출액 기여도가 높은 메뉴를 중점 관리하는 방법이다.

읽을거리

ABC 분석방법에 의한 가격조정방법

ABC 분석방법은 복잡한 현상을 단순화해서 보다 중점적으로 관리하기 위한 분석방법으로 상품관리에 자주 이용된다. 통계적 방법에 의해 관리 대상이 되는 상품을 A, B, C 세 그룹으로 나누고 먼저 A그룹을 중점 관리대상으로 선정하여 관리노력을 집중함으로써 관리효과를 높이려는 분석방법이다.

외식업에서도 제공하고 있는 메뉴에 대해 ABC 분석에 의해 그룹화한 후 관리의 우선순위를 정할 수 있다. 매출액 누계 % 그래프를 작성하여 75%까지는 A그룹, 95%까지는 B그룹, 나머지는 C그룹으로 구분하여 매출액이 높은 그룹을 중점 관리한다. 또한 가격변경 시 ABC 분석결과를 보며 고객의 저항이 적을 수 있는 가격변동 메뉴를 선정하는 데에도 참고해 볼 수 있는 유용한 분석방법이다.

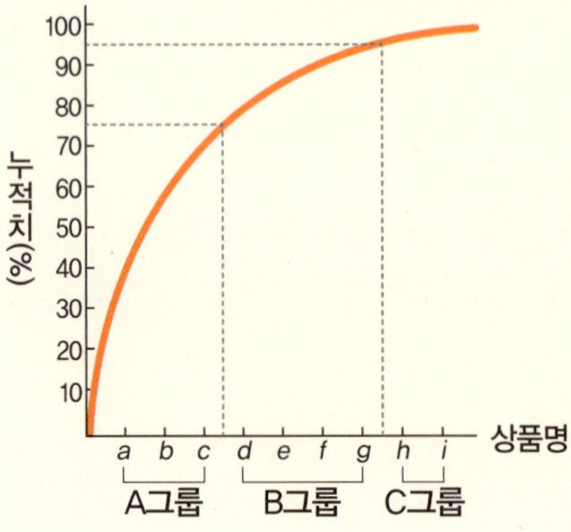

메뉴를 ABC 그룹으로 나누어 보면

- A그룹 : 총매출액의 약 75%, 전체 품목 수 약 10~20%
- B그룹 : 총매출액의 약 20%, 전체 품목 수 약 30%
- C그룹 : 총매출액의 약 5%, 전체 품목 수 약 50%

A그룹은 매출 기여도가 높은 품목으로 중점 관리 대상이다. 각 메뉴의 이익 공헌도를 분석하고, 그 순위에 따라 선호도, 재료공급의 안정성, 작업의 용이성, 점포와 어울리는 점 등을 고려하여 대표 메뉴가 될 수 있는 후보 군을 선정할 수 있다.

B그룹은 보완해야 할 필요성이 있는 부분을 찾아 좀 더 보완한 후에 다시 상품화한다.

C그룹에 대해서는 과감하게 메뉴에서 제외시키거나 대체할 신상품을 개발한다.

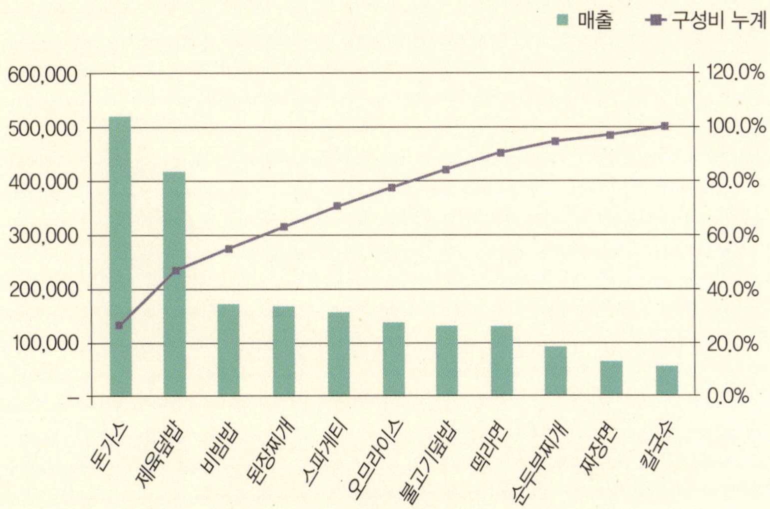

ABC 분석을 이용한 식당매출 분석의 예

Activity 8-2 ABC 분석방법을 사용하여 메뉴 가격을 책정해 보자.

다음의 표 1은 어느 식당의 하루 매출에 대한 분석결과를 보여 준다. 이 식당은 아래와 같이 박스 친 메뉴의 가격을 올린 후 매출을 다시 분석해보니 표 2와 같은 결과를 보였다. 이 매출 분석을 통해 알 수 있는 이 식당의 가격전략에 대해 설명해 보자.

표 1

품목	단가	수량	매출	구성비	구성비 누계	구분
돈가스	8,000	65	520,000	25.7%	25.7%	A
제육덮밥	7,000	60	420,000	20.8%	46.5%	A
비빔밥	6,000	28	68,000	8.3%	54.9%	A
된장찌개	5,500	30	165,000	8.2%	63.0%	A
스파게티	5,500	28	154,000	7.6%	70.7%	A
오므라이스	6,500	21	136,500	6.8%	77.4%	B
불고기덮밥	8,000	16	128,000	6.3%	83.8%	B
떡라면	4,000	32	128,000	6.3%	90.1%	B
순두부찌개	5,500	16	88,000	4.4%	94.5%	B
짜장면	4,000	15	60,000	3.0%	97.4%	C
칼국수	4,000	13	52,000	2.6%	100.0%	C
계			2,019,500	100.0%		

표 2

품목	단가	수량	매출	구성비	구성비 누계	구분
돈가스	8,000	65	520,000	25.1%	25.1%	A
제육덮밥	7,000	60	420,000	20.3%	45.5%	A
비빔밥	6,000	28	168,000	8.1%	53.6%	A
된장찌개	5,500	30	165,000	8.0%	61.6%	A

품목	단가	수량	매출	구성비	구성비 누계	구분
스파게티	6,000	28	168,000	8.1%	69.7%	A
오므라이스	7,000	21	147,000	7.1%	76.8%	B
불고기덮밥	8,500	16	136,000	6.6%	83.4%	B
떡라면	4,500	32	144,000	7.0%	90.3%	B
순두부찌개	5,500	16	88,000	4.3%	94.6%	B
짜장면	4,000	15	60,000	2.9%	97.5%	C
칼국수	4,000	13	52,000	2.5%	100.0%	C
계			2,068,000	100.0%		

CHAPTER 9

외식기업 재무제표의 이해

C H A P T E R

9

학 습 목 표

- 회계정보를 활용한 의사결정의 중요성을 설명할 수 있다.
- 주요 재무제표를 통해 기업의 재무상태 및 경영성과를 판단할 수 있다.
- 재무제표 간의 연계성을 파악하고, 정보의 유용성을 높일 수 있다.

재무관리는 경영활동에 필요한 자금의 운영과 조달에 관련된 의사결정을 수행하는 관리기능으로 정의할 수 있으며, 기업 경영을 구성하는 인사관리, 생산관리, 마케팅관리 등과 더불어 기업을 효율적으로 경영하기 위한 관리기능의 한 분야이다. 이 장에서는 재무관리의 기본이 되는 회계 정보의 중요성, 재무제표의 이해, 재무제표 간 연계성을 익혀 외식기업의 과거와 현재의 경영성과와 재무상태를 판단하고, 미래의 경영활동에 필요한 의사결정을 할 수 있도록 한다.

1. 의사결정과 회계정보

1) 회계의 정의

회계accounting라는 용어는 우리말로 '셈'을 뜻하며 '계산하다', '측정하다'라는 의미를 갖는다. 외식업 경영restaurant management은 조직이 추구하는 목표를 효과적이고 효율적으로 달성하게 하는 일련의 활동이며, 외식업에서의 회계는 외식기업의 내·외부 정보이용자들이 경영상 의사결정을 합리적으로 할 수 있도록 재무적 정보를 식별, 측정, 전달하는 모든 과정을 포함한다.

2) 회계의 정보이용자

회계정보이용자는 기업 내부에 있는 내부 정보이용자와 외부 정부이용자로 분류할 수 있다. 내부 정보이용자의 대표적 예는 경영자이다. 경영자는 기업의 목표를 수립하고 운영 후 성과를 측정하며 그에 따른 보상이나 개선계획을 수립하는 과정에서 다양한 의사결정을 하게 되는데, 이때 필요한 것이 회계정보이다. 또한 종업원은 안정적인 고용이나 적절한 보상을 희망하며 기업의 복리후생이나 급여, 지속가능성을 비교, 판단할 때 회계 정보를 이용하기도 한다.

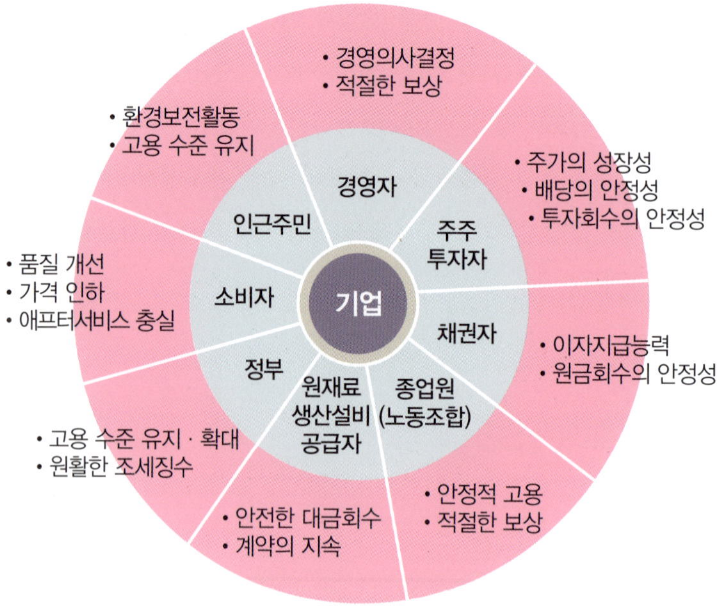

그림 9-1 회계정보이용자

외부정보이용자는 투자자와 채권자가 있다. 투자자는 경영 성과에 따라 배당을 받거나, 주가가 상승할 경우 시세차익을 얻을 목적으로 주식에 투자하기 때문에 주식의 취득이나 처분 시 회계 정보를 필요로 한다. 채권자는 기업에 자금을 대여하고 그 대가로 매년 일정한 이자와 원금을 안정적으로 받고자 하기 때문에 경영성과에 대한 신뢰성 있는 정보가 필요하다.

이 외에도 정부기관은 기업의 회계정보를 토대로 세금을 징수하고 경제정책을 수립하거나 기업의 독과점을 규제하며, 기업의 제품을 구매하는 소비자들은 제품의 사용 기간 중 A/S가 보장되는지, 품질 개선의 여지가 있는지 판단하기 위해 회계정보를 활용할 수 있다.

3) 회계 처리의 원칙

회계정보이용자들은 각자 다른 이유로 회계정보를 활용하기 때문에 이러한 욕구를 충족시키면서 정보의 신뢰성을 갖추기 위해서는 회계정보 작성 시 일정한 기준이 필요하다. 이것을 일반적으로 인정된 회계원칙GAAP : General Accepted Accounting Principles이라고 하며, 기업 간 회계정보의 비교나 기간별 비교를 가능하게 하고, 회계 처리에 있어서 오류의 가능성을 최소화하는 역할을 한다.

4) 외부감사제도

외부감사제도는 기업이 일반적으로 인정된 회계원칙GAAP을 적용하여 회계정보를 작성하였는지 기업 외부의 독립적인 전문가공인회계사에게 감사받도록 함으로써 회계정보의 신뢰성을 높이기 위한 제도이다. 현재 우리나라는 주식회사의 외부감사에 관한 법률에 따라 직전 사업연도 말의 자산 총액이 500억 원 이상인 회사, 직전 사업연도 말의 매출액이 500억 원 이상인 회사, 직접 사업연도 말의 자산총액이 120억 원 미만에 해당되지 않는 회사, 직전 사업연도 말의 부채총액이 70억 원 미만에 해당하지 않는 회사, 직전 사업연도 매출액이 100억 원 미만에 해당되지 않는 회사, 직전 사업연도 말의 종업원 수가 100명 미만이 아닌 회사는 의무적으로 외부감사를 받도록 되어 있다.

5) 회계상의 거래

회계상의 거래란 회계상 기록의 대상이 되는 개별적 사건으로, 자산, 부채, 자본상태의 증가나 감소와 같은 변화를 초래하는 모든 사건을 말한다. 수익이나 비용의 발생도 자본의 증감 변화로 나타나기 때문에 회계상의 거래라고 볼 수 있다. 예를 들어, 고객이 저녁식사를 예약한 것은 일상적인 거래로 볼 수 있으나 아직 현금이라는 자산이 증가된 것은 아니기 때문에 회계상의 거래는 아니다. 반면, 화재나 도난에 의한 손실, 현금의 분실 등은 일상적으로 거래라고 하지 않지만 자산의 감소가 일어나기 때문에 회계상의 거래이다.

즉, 회계상 거래의 조건은, 첫째, 회계주체의 재무상태자산, 부채, 자본의 변화를 초래하여야 하고, 둘째, 화폐단위에 의한 객관적인 측정이 가능해야 함을 들 수 있다.

Activity 9-1 회계상의 거래를 구분해 보자.

다음 사건들을 회계상 거래인지, 회계상의 거래가 아닌지 구분하시오.

1. 외국에서 커피 로스팅 기계를 수입하기 위해 주문을 하는 경우 (　　)
2. 본사 건물을 매각하기 위해 계약서를 작성하고, 계약금을 받은 경우 (　　)
3. 공장 건물이 화재로 소실된 경우 (　　)
4. 지난달 종업원 급여를 아직 지급하지 않은 경우 (　　)
5. 식재료 공급업체와 5년 동안 식재료를 구입하기로 계약한 경우 (　　)

읽을거리

기업의 재무상태나 경영성과를 고의적으로 부풀리는 분식회계의 폐해

회사는 회계정보를 이해관계자들에게 전달하기 위한 수단으로 재무제표를 작성하고 이러한 재무제표를 작성할 때는 기업회계기준이라는 통일된 기준을 준수해야 한다. 만약 회사가 이를 따르지 않고 재고자산을 실제보다 부풀리거나, 외상판매를 가짜로 만들어 매출액을 늘리고, 자산가치를 실제 가치보다 높게 평가하는 등 회사의 재무상태를 거짓으로 만들게 되면 투자자나 채권자가 잘못된 의사결정을 내리게 되고, 이로 인한 손실은 엄청난 규모에 이를 수 있다. 분식회계란 이와 같이 잘못된 회계정보, 즉 기업회계기준을 위반한 회계정보를 의미한다.

분식회계로 인한 폐해는 매우 크다. 우선, 분식회계는 기업에 대한 신뢰를 떨어뜨린다. 어떤 기업이 회계를 분식했다는 것은 곧 그 기업을 믿고 투자한 주주와 돈을 빌려준 채권자에 대한 사기행위이다. 사기당한 사람이 사기를 친 사람을 믿지 못하는 것은 당연하다. 이처럼 기업에 대한 불신이 커지면 기업은 돈을 빌리기 어려워지고, 투자하려는 사람들은 줄어들거나 투자를 하더라도 까다로운 조건을 붙이기 마련이다. 그러므로 분식회계는 한 나라의 경제활동 비용을 높인다고 볼 수 있다.

둘째, 분식회계를 한 사실이 드러난 기업의 주식을 가지고 있는 소유주들이 상당한 금전적 피해를 입는다. 예를 들어, 미국의 엔론사가 분식회계를 통해 은닉한 금액은 15억 달러 정도인 것으로 알려져 있는데, 분식회계 여파로 인한 주가하락으로 투자자가 입은 손해는 은닉 금액의 40배를 넘는 것으로 추정되고 있다. 엔론의 주가는 주당 최고 90달러에 달하기도 하였으나 불투명한 거래와 과대포장된 실적 등이 밝혀지면서 약 1달러로 폭락하였다. 이에 따라 주주들이 입은 손실액은 600억 달러가 넘는다는 것이다.

셋째, 분식회계의 피해는 기업외부의 채권자와 거래자에게 미칠 수 있다. 기업의 회계정보는 채무상환능력이나 수익성 등을 고려하여 기업들에게 자금을 대출해 주는 금융회사 등 채권자와 물품 · 용역을 제공하는 하청업체 및 거래자들이 의사결정에 활용하는 중요한 자료이다. 그런데 어떤 기업이 분식회계를 하면 채권자와 거래자는 그 기업의 신용도 등에 대해 정확히 판단할 수 없게 된다. 또한 악화된 재무상태를 숨기기 위해 분식회계를 한 기업에게 채권자가 돈을 빌려준 경우, 이 채권은 부실의 위험이 높다.

넷째, 분식회계의 당사자인 해당 기업과 그 기업의 종업원들이 입게 되는 피해도 크다.

부진한 경영실적과 악화된 재무상태를 분식회계로 은폐하는 것은 그 기업이 문제를 정확하게 인식하고 미리 대비할 수 없도록 한다. 분식회계를 한 사실이 밝혀지면 그 기업은 정상적인 영업을 할 수 없을 뿐만 아니라 심지어 생존 자체가 위협받을 수 있다.

출처 : KDI경제정보센터(2013. 10). 내용 저자 재구성.

2. 재무제표의 이해

재무제표financial statement는 기업의 재무상태를 파악하기 위해 회계원칙에 따라 작성된 재무보고서를 뜻한다. 재무제표는 재무상태표와 손익계산서, 현금흐름표, 자본변동표, 주석으로 구성되며 회계 정보의 활용 목적에 따라 사용되는 보고서가 다를 수 있다. 재무제표를 통해 전년도 대비 성과뿐 아니라 다른 기업과의 성과가 비교 가능하여 기업의 경영성과 개선을 위한 방법이 무엇인지를 알려준다.

표 9-1 주요 재무제표

구분	내용
재무상태표	기업의 자산, 부채, 자본 등 재무상태를 보고
손익계산서	기업의 수익, 비용 등 일정기간의 경영성과를 보고
현금흐름표	일정기간의 현금 유출입 내역을 보고
자본변동표	기업의 자본 크기와 그 변동에 관한 정보 보고
주석	재무제표상에 필요한 추가적인 정보 보고

1) 재무상태표

재무상태표statement of financial position는 일정 시점일반적으로, 결산일인 12월 31일의 기업의 재무상태를 나타낸다. 재무상태는 자산assets, 부채liabilities 및 자본equity의 관계로 나타낼 수 있으며 그림 9-2의 왼쪽차변은 기업이 소유한 자산의 종류를 나타내며 오른쪽대변은 자산의 조달원천인 부채와 자본으로 구성된다. 부채는 자산 중에서 채권자 지분을, 자본은 소유자 지분을 의미한다.

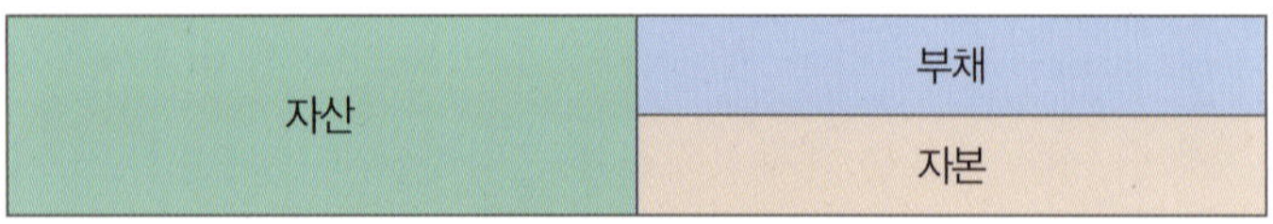

그림 9-2 재무상태

즉, 자산을 마련하려면 은행이나 타인에게 돈을 빌리거나 내가 원래 가진 돈을 쓰게 되는데, 원래 가진 돈을 자본, 타인에게 빌린 돈을 부채타인자본라고 한다. 따라서 재무상태표는 간단하게 다음과 같은 공식으로 표시될 수 있다.

자산 = 부채 + 자본

자산assets은 기업이 보유하고 있는 경제적 가치가 있는 자원을 의미하며, 1년 이내에 현금으로 전환될 수 있는 유동자산과 현금으로 전환되는 데 1년 이상 소요되는 비유동자산으로 구분된다. 유동자산은 현금화가 빠른 당좌자산과 현금화가 느린 재고자산으로 나눌 수 있다. 당좌자산은 현금 및 현금성 자산, 단기금융자산, 매출채권 등으로 제품의 판매과정을 거친 직후 발생 가능한 자산들이며, 재고자산은 기업이 제품의 생산 또는 판매를 위해 보유하고 있는 원재료, 반재료 등을 의미하므로 당좌자산에 비해 비교적 현금 전환이 느리다.

비유동자산은 고정자산이라고도 하며 기업이 제품의 생산 또는 투자를 위해 1년 이상 보유하고 있는 자산을 의미한다. 이는 성격에 따라 투자자산, 유형자산, 무형자산으로 구분된다. 투자자산은 사업본래의 목적이 아닌 투자 목적이므로 기업경영을 위해 즉시 활용되기는 어려운 투자유가증권, 장기금융상품 등을 의미한다. 유형자산은 토지, 건물, 기계 등과 같이 기업활동에 장기적으로 활용되는 것이며, 무형자산은 상표나 특허권, 지적재산권 등과 같이 장기적으로 기업에 이익을 가져다주는 자산이다.

또한 재무상태표에 표시되는 자산 항목은 유동성이 높은 순서로 배열하는 것이 원칙이다. 여기서 유동성liquidity은 현금 전환이 쉬운 정도를 의미한다.

대표적인 자산의 종류는 다음과 같다.

자산의 대표적 종류

- 현금 : 지폐와 동전 등 일상적으로 사용되는 화폐
- 예금 : 은행 등의 금융기관에 예금하고 있는 금액
- 매출채권 : 상품을 외상으로 판매한 금액
- 대여금 : 남에게 빌려준 금액
- 상품 : 판매할 목적으로 소유하고 있는 물건
- 건물 : 영업활동을 위해 소유하고 있는 선물
- 토지 : 영업활동을 위해 소유하고 있는 땅
- 비품 : 영업활동을 위해 소유하고 있는 책상, 의자 등 집기류

표 9-2 자산의 분류

구분		분류	종류
자산	유동자산	당좌자산	현금 및 현금성 자산, 단기금융자산, 매출채권 등
		재고자산	원재료, 반재료 등
	비유동자산	투자자산	투자유가증권, 장기금융상품 등
		유형자산	토지, 건물, 기계 등
		무형자산	상표, 특허권, 지적재산권 등
		기타 비유동자산	임차보증금, 장기미수금 등

부채liabilities는 타인에게 지급할 것을 약속한 채무를 의미하며, 상환기간이 1년 이내인 유동부채와 1년 이상인 비유동부채로 구분된다. 유동부채에는 매입채무, 단기차입금, 단기미지급금, 선수금 등이 있고, 비유동부채에는 사채, 장기차입금, 장기미지급금 등이 있다.

대표적인 부채의 종류는 다음과 같다.

부채의 대표적 종류

- 매입채무 : 상품을 외상으로 구입한 금액
- 차입금 : 남에게 빌린 돈
- 선수금 : 상품을 사고자 하는 사람에게 미리 받은 계약금
- 미지급금 : 상품 이외의 물건을 외상으로 구입한 금액

표 9-3 부채의 분류

구분		종류
부채	유동부채	매입채무, 단기차입금, 단기미지급금, 선수금 등
	비유동부채	사채, 장기차입금, 장기미지급금 등

자본equity은 총자산에서 총부채를 차감하여 계산하며, 소유자 또는 주주의 지분을 의미한다. 여기에는 최초로 회사에 출자한 자금이나 증자한 자금인 자본금, 주식발행 같은 거래에 따라 발생하는 잉여금인 자본잉여금, 영업활동을 통해 얻은 이익 중 배당하지 않고 보유하고 있는 이익잉여금 등이 있다.

자본은 기업이 소유하고 있는 총자산에서 타인에게 갚아야 할 총부채를 차감한 잔액이므로 순자산net asset이라고도 한다. 이를 등식으로 표현하면 다음과 같다.

자산 − 부채 = 자본(순자산)

Activity 9-2 순자산을 계산해 보자.

A 레스토랑의 현재 재무상태가 다음과 같은 경우, 순자산은 얼마인가?

현금	200,000	재고자산	500,000	토지	2,000,000
차입금	300,000	건물	1,000,000	매입채무	700,000

재무상태표			
2018. 12. 31			(단위 : 원)
자산	금액	부채, 자본	금액
1. 유동자산	27,471,968,000	1. 부채	
(1) 당좌자산	25,307,491,920	(1) 유동부채	18,005,840,537
(2) 재고자산	2,164,476,080	(2) 비유동부채	15,459,780,321
(3) 기타유동자산	–	부채총계	33,465,620,858
2. 비유동자산	62,257,966,244	2. 자본	
(1) 투자자산	7,894,500,765	(1) 자본금	2,049,725,000
(2) 유형자산	46,048,863,435	(2) 자본잉여금	4,425,755,200
(3) 무형자산	414,897,549	(3) 기타포괄손익누계액	(71,407,502)
(4) 기타비유동자산	7,899,704,495	(4) 이익잉여금	49,860,240,688
		자본총계	56,264,313,386
자산총계	89,729,934,244	부채와 자본총계	89,729,934,244

그림 9–3 외식기업 재무상태표의 예

재무상태표를 통한 외식기업 이해

- 재무상태표상의 총자산금액은 기업의 규모를 나타내므로 이것은 중소기업, 중견기업 및 대기업으로 분류되는 기준이 되기도 한다. 대기업은 총자산금액이 5조 원 이상인 곳이며 이 중 10조 원 이상인 곳은 상호출자제한기업으로 분류된다. 중견기업은 중소기업기본법상 자산총액 5,000억 원 이상, 자기자본 1,000억 원 이상, 상시 근로자 수 1,000명 이상, 3년 평균매출 1,500억 원 이상 기준 중 한 가지 이상 만족한 기업을 의미한다. 중소기업은 5,000억 원 미만의 자산총액, 3년 평균 매출액 기준업종마다 상이함, 숙박 및 음식점업의 경우 400억 원 이하을 모두 충족해야 한다.
- 총부채금액과 총자본금액의 비교를 통해 기업의 재무 안정성을 파악할 수 있다. 자본의 비중이 너무 낮거나 부채 비중이 너무 높다는 것은 채권자에 대한 부채 지급능력이 떨어진다고 해석할 수 있다.

• 유동자산과 유동부채의 비교를 통해 기업이 가진 1년 이내에 상환해야 하는 부채의 지급능력을 파악할 수 있다. 단기 상환을 위해서는 최소한 유동자산이 유동부채보다 많아야 하며, 재무상태가 좋음을 의미한다.

• 이익잉여금은 기업의 영업활동결과 발생한 당기순이익 중 주주에게 배당하고 남은 금액이며, 이익잉여금이 많다는 것은 기업이 단기적인 손실을 감당할 수 있음을 의미한다. 단, 미처분이익잉여금이 계속 누적된다면 이는 회계감사 대상이 될 수 있어 적절한 방법으로 처분해야 하므로 꼭 이익잉여금이 많다고 좋은 것은 아니다.

2) 손익계산서

손익계산서income statement는 기업의 경영성과를 나타내는 보고서로써 일정 기간 동안 발생한 수익revenues과 비용expenses을 차감하여 순이익net income을 산출한 표이다. 일정 기간이라는 것은 사업연도 업무와 결산의 편의를 위해 정한 기간을 말하며, 일반적으로 1년을 기준으로 한다.

손익계산서에서 순이익을 측정하기 위해 사용되는 수익과 비용에 대해 살펴보자.

수익revenue이란 기업의 지속적인 영업활동의 결과로서 얻어진 금액으로서, 제품을 판매하여 얻은 매출이나 서비스를 제공하고 받은 용역수수료 등이 있다. 수익이 발생하면 기업의 순자산은 증가하게 되며, 대표적인 수익의 종류로는 다음과 같은 것들이 있다.

수익의 대표적 종류

• 매출액 : 상품이나 용역을 제공하고 받은 대가
• 임대료 : 점포와 사무실 등의 부동산을 빌려주고 받은 대가
• 이자수익 : 은행에 예금하거나 돈을 빌려준 경우 발생하는 이자

비용expense이란 수익을 얻기 위해 지출하거나 발생한 금액으로서, 매출이 발생된 물품의 원가 또는 판매수수료, 광고선전비, 운반비 등과 같은 것이 있다. 비용이 발생하면 기업

의 순자산은 감소하게 되며, 대표적인 비용의 종류로는 다음과 같은 것들이 있다.

비용의 대표적 종류

- 매출원가 : 매출이 발생된 상품이나 용역의 원가
- 급여 : 종업원에게 지급되는 근로의 대가
- 광고선전비 : 광고선전에 드는 비용
- 임차료 : 부동산과 점포, 사무실 등을 빌린 경우에 지급하는 대가
- 감가상각비 : 건물 등 유형자산에 대한 가치감소액
- 이자비용 : 차입금에 대해 발생하는 이자

손익계산서는 일정 기간 동안 기업이 창출한 모든 수익과 비용이 표현되며, 수익을 먼저 열거하고 이어서 비용을 차감한 다음 당기순손익을 표시하는 형식인 보고식의 형태로 작성하는 것이 일반적이다.

손익계산서상에 표시되는 이익profit은 매출총이익, 영업이익, 법인세비용차감전순이익, 당기순이익이 있다. 수익과 비용의 차이로 계산되는 이익은 그 차이가 (+)일 때 이익이라고 하고, (−)일 때 손실이라고 한다.

매출총이익은 제품의 판매를 통해 생긴 수익인 매출액에서 제품의 생산을 위해 발생한 재료비, 인건비, 경비 등의 비용 중 판매된 부분에 대한 원가인 매출원가를 차감하여 남은 이익을 의미한다.

매출총이익 = 매출 − 매출원가

영업이익은 매출총이익에서 기업이 제품을 판매하기 위한 비용 중 본사 직원 인건비, 마케팅 비용, 복리후생비, 교육훈련비 등 판매비와 관리비를 차감한 것으로, 기업의 고유 활동인 영업을 통해 얻은 이익이므로 기업의 영업성과를 판단하는 중요한 지표이다.

영업이익 = 매출총이익 − 판매비와 관리비

법인세비용차감전순이익은 영업이익에서 금융자산이나 부동산 등의 보유에서 오는 이자 및 배당소득, 임대소득 등 주된 영업활동과는 관계없이 발생하는 영업외수익을 더하고, 주된 영업활동 이외에 투자활동이나 재무활동에서 발생하는 비용인 지급이자, 외환차손, 투자자산처분손실 등의 영업외비용을 차감한 것이다.

법인세비용차감전순이익 = 영업이익 + 영업외수익 − 영업외비용

당기순이익은 법인세비용차감전순이익에서 법인세비용을 차감한 것이다. 즉, 기업이 일정 기간 동안 벌어들인 총수익**매출액, 영업외수익**에서 총비용**매출원가, 판매비와 관리비, 영업외비용, 법인세비용**을 차감한 최종 이익을 의미한다.

당기순이익 = 법인세비용차감전순이익 − 법인세비용

손익계산서

20XX. 1. 1~20XX. 12. 31 (단위 : 백만 원)

과목	금액
매출액	×××
매출원가	×××
매출총이익	×××
판매비와 관리비	×××
영업이익	×××
영업외수익	×××
영업외비용	×××
법인세비용차감전순이익	×××
법인세비용	×××
당기순이익	×××

손익계산서

2018. 1. 1 ~2018. 12. 31 (단위 : 원)

과목	금액
매출액	177,629,625,529
매출원가	128,224,758,555
매출총이익	49,404,866,974
판매비와 관리비	39,206,791,901
영업이익	10,198,075,073
영업외수익	1,496,337,523
영업외비용	3,778,612,104
법인세비용차감전순이익	7,915,800,492
법인세비용	1,329,282,775
당기순이익	6,586,517,717

그림 9–4 외식기업 손익계산서의 예

읽을거리

외식업 업종별 영업이익 및 영업이익률

외식업 업종별 영업이익을 살펴보면, 제과점(6,525만 원), 서양식(6,274만 원), 일식(6,043만 원) 업종의 영업이익이 타 업종에 비하여 상대적으로 높았으며, 비알코올 음료점(2,928만 원), 김밥 및 기타 간이음식점(2,531만 원), 치킨전문점(2,815만 원), 기관 구내식당(2,888만 원)의 영업이익이 상대적으로 낮은 결과를 보여 주었다.

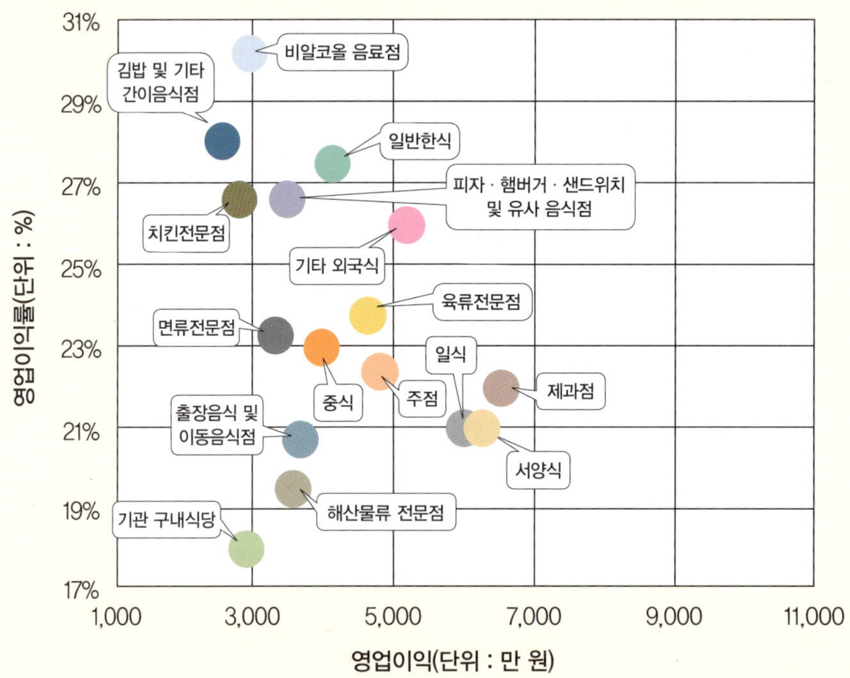

업종별 영업이익 및 영업이익률

출처 : 한국농촌경제연구원(2018).

Activity 9-3 당기순이익을 계산해 보자.

A 레스토랑의 다음 자료를 이용하여, 당기순이익을 계산하시오.

판매비	6,000,000	이자수익	500,000	관리비	10,000,000
매출액	30,000,000	임대료 수입	1,000,000	이자비용	300,000

손익계산서를 통한 외식기업 이해

- 손익계산서에 있는 매출액 정보를 통해 전년도와 비교하여 올해 기업이 어느 정도 성장했는지, 다른 외식기업의 매출액과 비교하여 시장점유율은 어느 정도인지 비교할 수 있다.
- 판매비와 관리비 세부내역을 파악하여 전년도와 크게 차이가 나는 내역이 어떠한 것인지를 확인하고, 효율적인 비용관리를 위한 의사결정을 할 수 있다.
- 기업의 영업활동 성과인 영업이익의 크기를 확인하고, 기업의 장기적인 수익성을 예측해 볼 수 있다.
- 기업의 재무활동 성과는 영업외수익과 영업외비용에 의해 나타날 수 있으므로, 영업이익에 비해 법인세비용차감 전 순이익이 줄어들었다면 기업의 재무활동의 성과가 좋지 않았다는 것을 알 수 있고, 반면 영업이익에 비해 법인세비용차감전순이익이 증가하였다면 재무활동의 성과가 좋았음을 알 수 있다.

3) 현금흐름표

현금흐름표statement of cash flow는 일정 기간 동안 현금의 유입과 유출에 관한 정보를 제공하는 보고서이다. 이것은 재무상태표와 더불어 기업의 유동성을 평가하는 자료이기도

하다. 유동성liquidity이란 현금화할 수 있는 능력이나 현금으로 전환하는 데 소요되는 기간을 의미하며, 유동성 악화로 인해 채무를 상환하지 못하거나, 당장 현금이 들어오지 않기 때문에 제품 개발, 구매, 생산, 마케팅 등의 정상적인 경영활동의 문제 등 기업의 위기상황이 올 수 있기 때문에 유동성에 관한 정보는 매우 중요하다고 할 수 있다.

현금흐름표

○○회사 20XX. 1. 1 ~ 20XX. 12. 31 (단위 : 원)

Ⅰ. 영업활동으로 인한 현금흐름	×××
Ⅱ. 투자활동으로 인한 현금흐름	×××
Ⅲ. 재무활동으로 인한 현금흐름	×××
Ⅳ. 현금의 증가(감소) (Ⅰ+Ⅱ+Ⅲ)	×××
Ⅴ. 기초의 현금	×××
Ⅵ. 기말의 현금	×××

현금흐름표

2018. 1. 1. ~ 2018. 12. 31 (단위 : 원)

과목	금액
Ⅰ. 영업활동으로 인한 현금흐름	9,693,664,482
Ⅱ. 투자활동으로 인한 현금흐름	(16,363,680,176)
Ⅲ. 재무활동으로 인한 현금흐름	(707,448,369)
Ⅳ. 현금의 증가(감소) (Ⅰ+Ⅱ+Ⅲ)	(7,377,464,063)
Ⅴ. 기초의 현금	26,771,968,787
Ⅵ. 기말의 현금	19,394,504,724

그림 9-5 외식기업 현금흐름표의 예

여기서 기업의 활동은 영업활동, 투자활동, 재무활동으로 구분할 수 있다. 영업활동이란 기업의 이익에 직접적인 영향을 미치는 생산, 구매, 판매활동뿐만 아니라 주된 수익활동에 간접적으로 영향을 미치는 거래를 말한다. 투자활동이란 현금의 대여와 회수활동, 유가증권 · 투자자산 · 유형자산 및 무형자산의 취득과 처분활동 등을 의미한다. 재무활동은 현금의 차입 및 상환활동, 신주발행이나 배당금의 지급활동 등과 같이 자본계정에 영향을 미치는 거래를 말한다.

3. 재무제표의 연계성

재무상태표와 손익계산서, 현금흐름표 등 재무제표는 각각 독립적으로 기업의 정보를 제공하기도 하지만 서로 연계되어 있으며 상호보완적으로 사용될 때 정보의 유용성이 증가될 수 있다. 예를 들어, 손익계산서의 당기순이익은 이익잉여금의 증가를 초래하기 때문에 재무상태표의 이익잉여금과 일치하게 되며, 또한 현금흐름표의 영업활동으로 인한 현금을 계산할 때에도 사용된다.

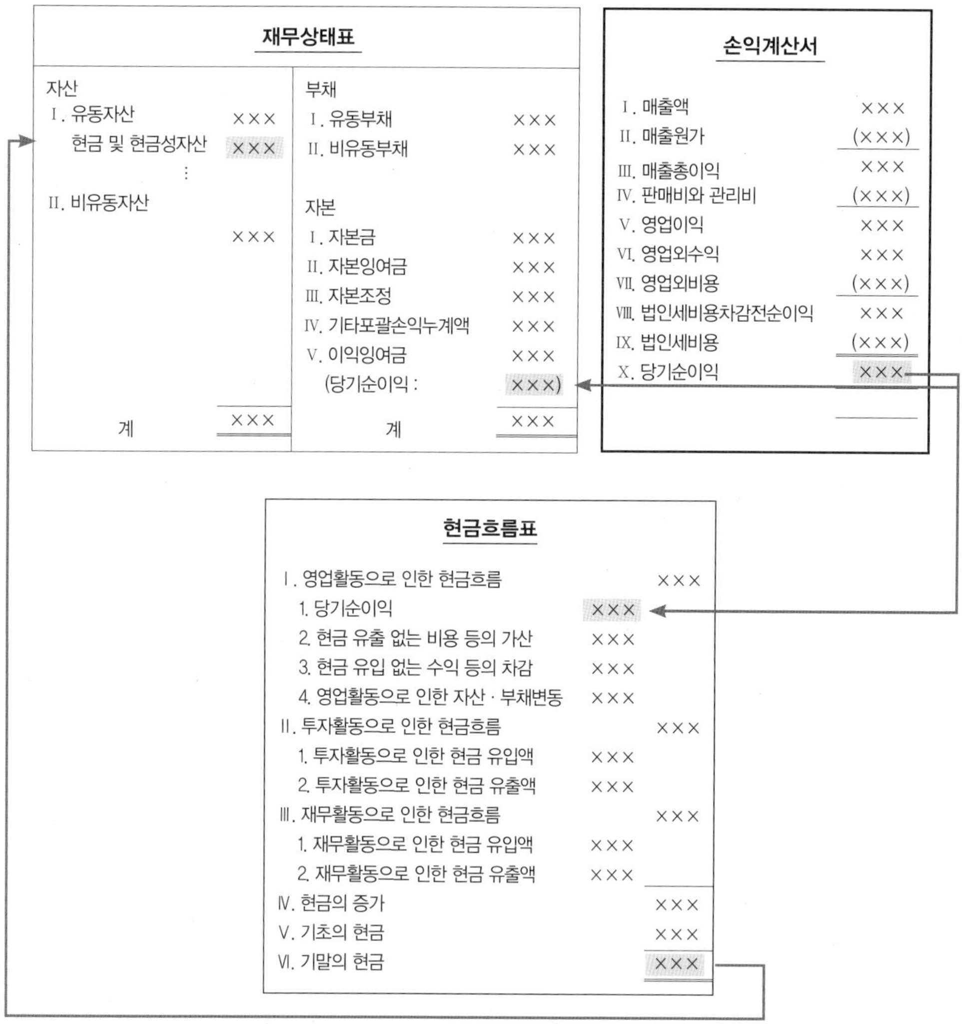

그림 9-6 재무제표 간 연계성

읽을거리 프랜차이즈와 비프랜차이즈 사업체 영업이익 비교

고용시장의 불안정성에 따라 퇴직자 및 실업자가 늘고 있는 상황에서 프랜차이즈 사업은 최근 자영업 창업의 주요 트렌드가 되고 있다. 2015년 경제총조사에서 나타난 프랜차이즈 가맹사업체는 비프랜차이즈 사업체보다 규모가 크며, 영업활동은 더 활발하다. 그러나 영업이익률로 살펴본 영업활동 대비 수익성은 낮다. 이는 영업비용이 상대적으로 더 큼을 의미한다. 그럼에도 프랜차이즈 가맹점은 사업체당 영업이익으로 살펴본 경영실적에서는 더 나은 결과를 보여 주었다. 권역별로 보면 프랜차이즈 · 비프랜차이즈 모두 비수도권에 사업체가 더 많다. 그러나 매출액은 수도권이 더 높으며, 영업이익과 영업이익률은 비수도권이 더 높다. 이는 수도권이 영업활동은 활발하지만, 영업비용이 높아 수익 창출에는 비효율적임을 보여 준다. 권역별 사업체당 실적에서는 수도권이 사업체당 종사자, 매출액, 영업이익에서 우위를 보이고 있으나 영업이익률이 낮아 매출액의 차이에 비해 영업이익의 차이는 상대적으로 적다.

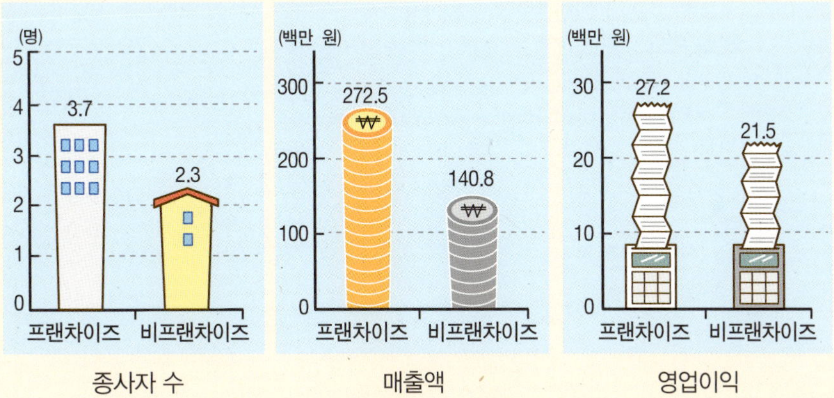

사업체당 주요 특성

사업체당 종사자 수는 프랜차이즈 3.7명, 비프랜차이즈 2.3명으로 프랜차이즈가 비프랜차이즈보다 1.4명 많고, 매출액은 프랜차이즈 2억 7,300만 원, 비프랜차이즈 1억 4,100만 원이며, 영업이익은 프랜차이즈 2,700만 원, 비프랜차이즈 2,200만 원으로 프랜차이즈가 더 높다.

출처 : KOSTAT 통계플러스 · 통계청 통계개발원(2018).

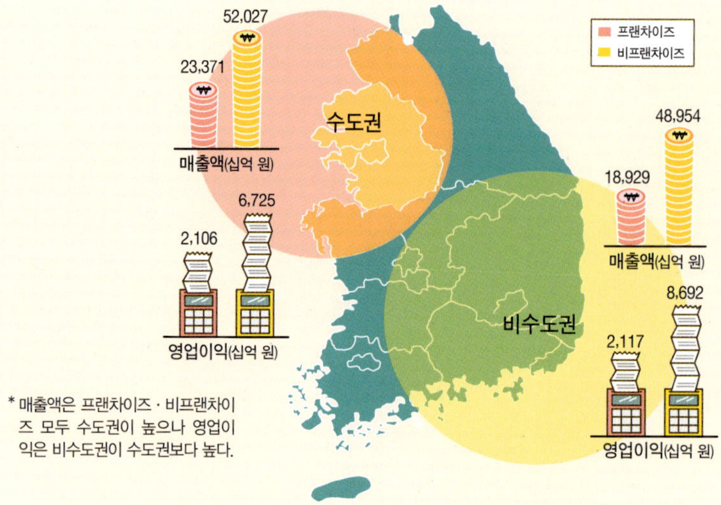

권역별 특성지도

프랜차이즈 · 비프랜차이즈 업종별 매출액, 영업이익 및 영업이익률 현황(2015년)

(단위 : 10억 원, %)

업종 \ 구분	매출액				영업이익				영업이익률	
	프랜차이즈	구성비	비프랜차이즈	구성비	프랜차이즈	구성비	비프랜차이즈	구성비	프랜차이즈	비프랜차이즈
전 업종 (비율)	42,300 (29.5)	100.0	100,980 (70.5)	100.0	4,220 (21.5)	100.0	15,417 (78.5)	100.0	10.0	15.3
편의점(소매점)	12,732	30.1	9,751	9.7	550	13.0	1,030	6.7	4.3	10.6
문구점	647	1.5	1,162	1.2	61	1.4	171	1.1	9.4	14.7
의약품	3,360	7.9	14,450	14.3	321	7.6	1,403	9.1	9.6	9.7
안경	740	1.7	1,178	1.2	124	2.9	223	1.4	16.7	18.9
한식	6,427	15.2	43,431	43.0	788	18.7	6,343	41.1	12.3	14.6
일식 · 서양식	1,060	2.5	5,431	5.4	106	2.5	371	2.4	10.0	6.8
제빵 · 제과	3,391	8.0	1,789	1.8	247	5.8	194	1.3	7.3	10.8
피자 · 햄버거	2,499	5.9	648	0.6	234	5.5	81	0.5	9.4	12.5
치킨	3,356	7.9	821	0.8	583	13.8	195	1.3	17.4	23.8
분식 · 김밥	1,132	2.7	2,453	2.4	188	4.5	600	3.9	16.6	24.5
주점	1,591	3.8	6,059	6.0	284	6.7	1,374	8.9	17.9	22.7
커피전문점	2,260	5.3	3,718	3.7	296	7.0	641	4.2	13.1	17.2
자동차 수리	2,066	4.9	5,045	5.0	262	6.2	697	4.5	12.7	13.8
두발 미용	723	1.7	4,164	4.1	107	2.5	1,642	10.7	14.7	39.4
가정용 세탁	316	0.7	881	0.9	72	1.7	453	2.9	22.8	51.5

주 : 영업이익률 = (영업이익/매출액) × 100

출처 : KOSTAT 통계플러스 · 통계청 통계개발원(2018) ; 통계청 경제총조사(2015년).

Activity 9-4 회계의 기본 개념을 이해해 보자.

1. 회계 등식을 참고하여, 다음의 빈칸에 알맞은 금액을 기입해 보자.

	자산	부채	자본
1)	100,000원	40,000원	
2)		75,000원	45,000원
3)	120,000원		30,000원

2. 다음 항목을 자산, 부채, 자본으로 분류해 보자.

차입금 (　　)　　토지 (　　)　　매출채권 (　　)
자본금 (　　)　　이익잉여금 (　　)　　건물 (　　)
대여금 (　　)　　매입채무 (　　)　　비품 (　　)

3. 한 해 동안의 수익과 비용의 자료들이 다음과 같을 때, 이익은 얼마인가?

매출액	30,000,000원	종업원 급여	15,000,000원
임차료	3,000,000원	이자비용	2,000,000원

CHAPTER 10

외식기업 재무 분석

C H A P T E R

10

학 습 목 표

- 재무 분석을 통한 경영의사결정의 중요성을 설명할 수 있다.
- 주요 재무 비율 분석을 통해 기업의 수익성, 성장성, 안정성을 판단할 수 있다.

재무 분석이란 기업의 이해관계자들이 경제적 의사결정에 필요한 정보를 획득할 목적으로 기업과 관련된 모든 정보를 수집하고 분석하는 활동을 말한다. 재무 분석은 기업에 대한 분석 및 평가자료를 통해 기업의 운영상태를 판단하여 문제점을 파악하고 해결방안을 도출하며, 미래의 재무상태와 경영상태를 예측하게 해 준다. 이 장에서는 재무제표상 두 가지 이상 항목을 비율로 표시한 재무 비율 분석을 통해 외식기업의 수익성, 성장성 및 안정성 등을 판단해보도록 한다.

1. 재무 분석의 이해

기업의 재무상태표와 손익계산서상의 숫자를 보고 단순히 기업이 잘 운영되고 있는지 아닌지를 판단하기는 어렵다. 기업의 재무상태와 경영성과를 나타내는 재무제표들은 서로 밀접하게 연관되어 있으며 이들이 표시하는 정보들의 상호관계를 통해 통합적으로 이해해야 한다.

재무 분석financial analysis이란 기업경영에 필요한 의사결정에 도움을 얻기 위해서 기업의 재무활동과 관련된 모든 정보를 수집하고 분석하는 것을 말한다. 즉, 기업의 전반적인 경영활동인 구매, 생산, 판매, 재무 등 모든 경영활동에 대한 효율성을 분석하는 것으로 해석할 수 있다. 재무 분석을 위해서는 재무제표 등 계량화된 정보뿐 아니라 경쟁상황이나 경영자의 능력 등 비계량화된 정보도 필요할 수 있다.

재무 분석의 방법은 크게 비율법과 실수법으로 분류할 수 있다. 비율법은 재무제표상 두 가지 항목의 계수를 백분율로 산출하여 분석하는 방법이며, 실수법은 기업계수를 실제 숫자 그대로 분석하고 판단하는 방법이다. 이 중 보편적으로 사용하는 방법은 비율법인 재무 비율 분석financial ratio analysis이다. 이것은 재무상태표와 손익계산서 등의 재무제표를 이용하여 일정 기간 또는 일정 시점의 재무제표 항목 간 상호관계를 분석함으로써 기업의 재무상태나 경영성과를 평가하는 것이다.

재무 비율 분석은 분석 목적에 따라 다양하게 적용해볼 수 있으며, 이 장에서는 기업의 성장성 비율, 수익성 비율, 안정성 비율 등을 중심으로 살펴보고자 한다.

읽을거리

기업의 재무제표를 확인하는 방법

금융감독원의 전자공시제도에 의하여 직전 사업연도 말 자산 규모가 100억 원 이상이 되는 주식회사의 감사보고서 및 주권상장법인 또는 코스닥 상장법인의 사업보고서, 기타 공시사항은 금융감독원 전자공시시스템(http://dart.fss.or.kr)에서 확인할 수 있다.

전자공시시스템(DART: Data Analysis, Retrieval and Transfer System)은 상장법인 등이 공시서류를 인터넷으로 제출하고 투자자 등 이용자는 서류를 인터넷으로 조회할 수 있도록 하는 종합적 기업공시 시스템으로, 신속하고 편리하게 기업의 재무 정보를 파악할 수 있게 하는 것이 그 목적이다.

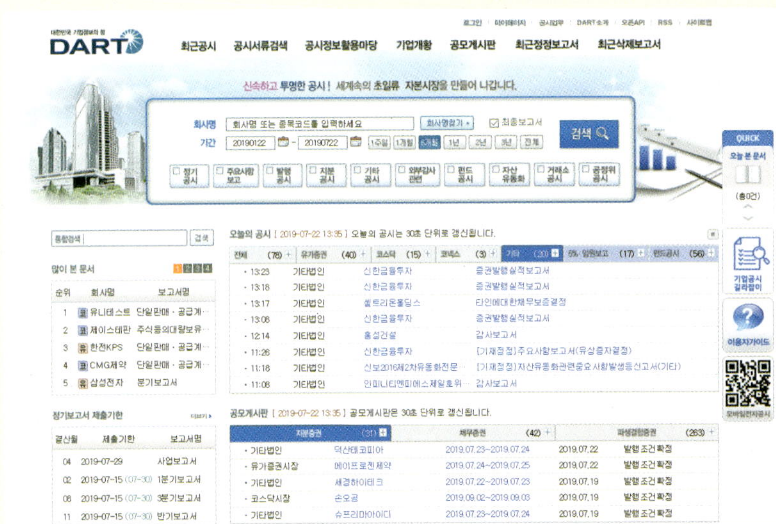

출처 : 금융감독원 전자공시 시스템(http://dart.fss.or.kr).

2. 재무 비율 분석의 분류

1) 성장성에 대한 지표

성장성 비율은 일정 기간 중 외식기업의 경영규모와 기업활동의 성과가 전년도에 비해 얼마나 증가했는지를 나타내는 지표로, 기업의 경쟁력이나 잠재적 성장 가능성, 미래의 수익창출능력 등의 정보를 제공한다. 성장성 지표를 산출하기 위해 자산, 매출액, 이익 등이 이용되며, 총자산증가율, 매출액증가율 등의 지표를 통해 이들 변수의 증감을 확인할 수 있다.

표 10-1 성장성 비율

지표	내용	공식
총자산증가율	기업의 총자산이 얼마나 증가했는가를 나타내는 비율로, 기업의 성장을 측정하는 지표	$(\frac{당기총자산}{전기총자산} \times 100) - 100$
매출액증가율	전기매출액에 대한 당기매출액의 증가율로 기업의 외형적 성장 추세를 판단하는 지표	$(\frac{당기매출액}{전기매출액} \times 100) - 100$

읽을거리 외식기업의 재무 비율 분석 : 성장성 비율

- 한국은행에서 매년 발간하는 〈기업경영 분석〉을 근거로 2007~2017년 외식기업과 제조기업의 총자산 증가율과 매출액 증가율 추이 분석결과, 두 업종 모두 전체적인 추이가 둔화되고 있는 것으로 나타났다.
- 세부 업종별 분석결과, 한식 음식점업의 총자산 증가율은 2008년 이후 지속적으로 감소하고 있으며, 매출액 증감률은 큰 폭의 상승과 하락을 반복하다가 2015년 이후 급격한 감소 추세를 보이고 있다.
- 서양식 음식점업의 총자산 증가율은 정체기에 있으며, 2013년 이후 소폭이지만 꾸준한 증가 추세를 보이다가 2017년 역성장하고 있다.

성장성 비율 : 전체

(단위 : %)

비율	2007	2008	2009	2010	2011	2012	2013	2014	2015	2016	2017
외식업 평균											
총자산증가율	10.50	13.62	11.64	10.57	14.01	11.10	9.50	14.75	6.91	7.94	4.05
매출액증가율	9.49	27.24	14.74	24.87	23.72	8.65	12.34	6.44	8.81	27.18	2.29
제조업 평균											
총자산증가율	7.77	17.20	8.60	10.14	9.94	4.27	6.02	5.47	4.76	5.67	4.01
매출액증가율	6.85	17.57	3.29	22.49	12.81	4.09	4.78	4.84	3.96	3.06	6.20

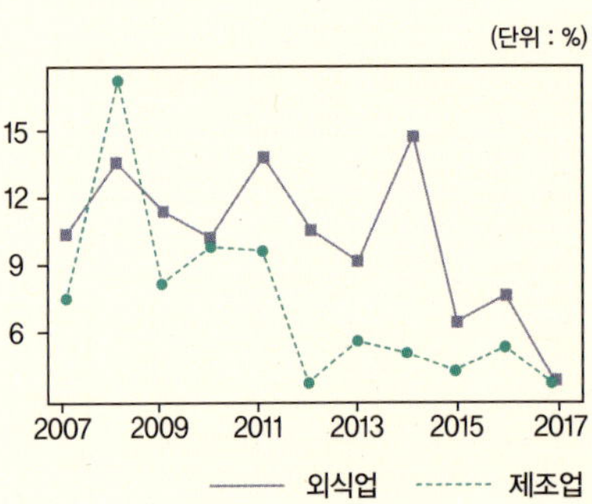

총자산증가율 : 전체

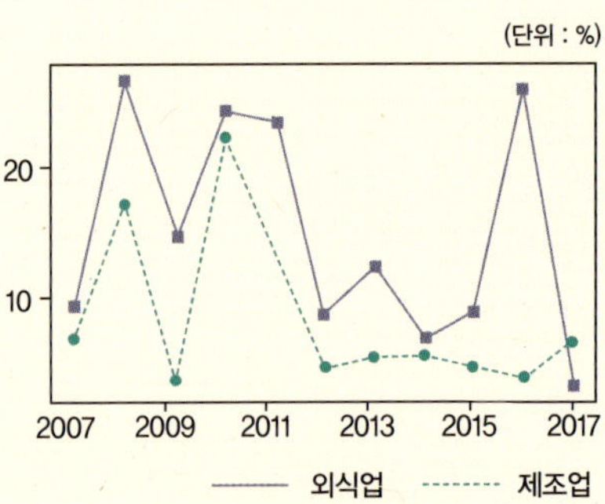

매출액증가율 : 전체

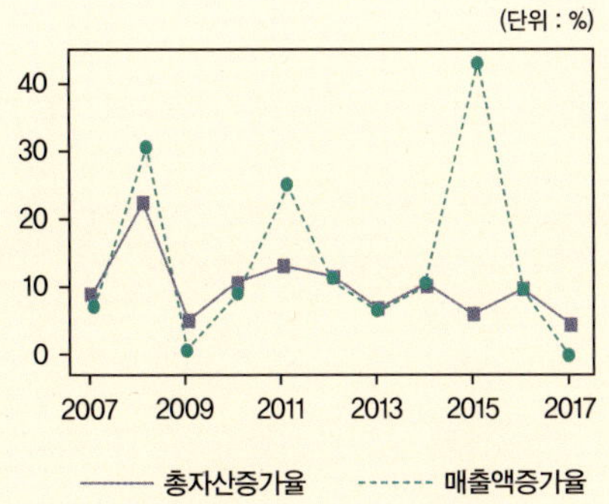

성장성 : 한식 음식점업

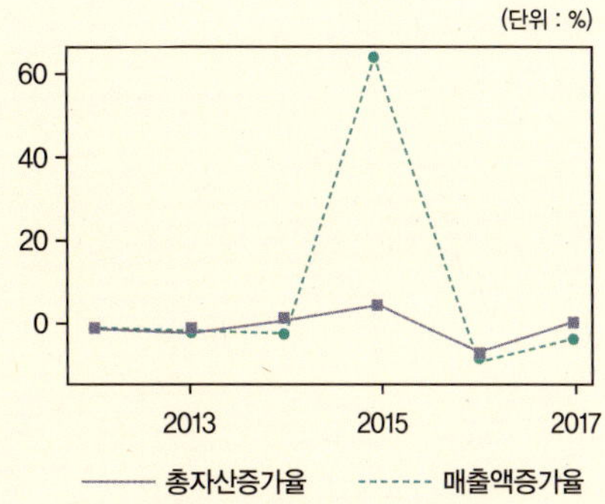

성장성 : 중식 음식점업

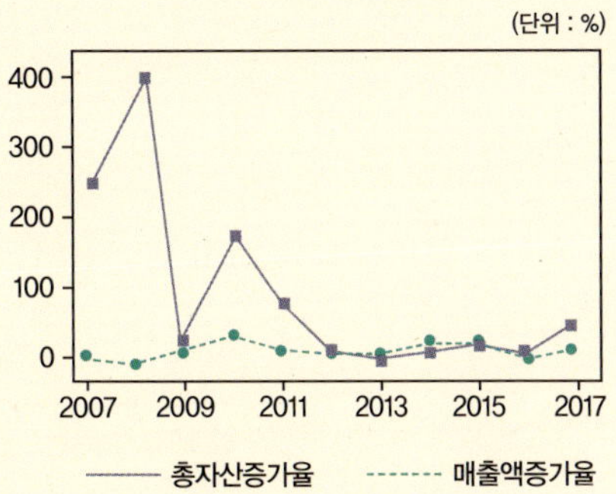

성장성 : 일식 음식점업

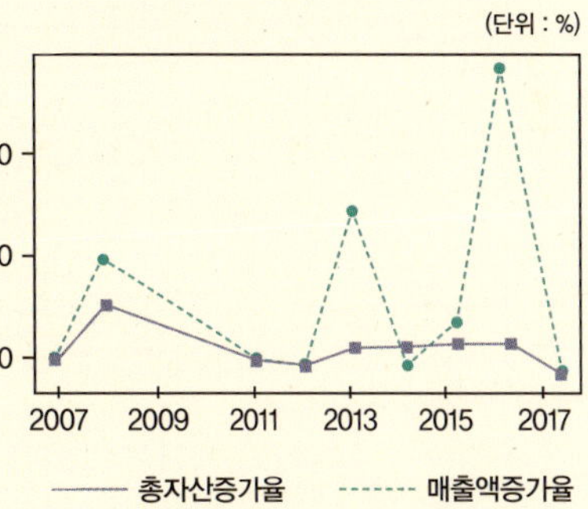

성장성 : 서양식 음식점업

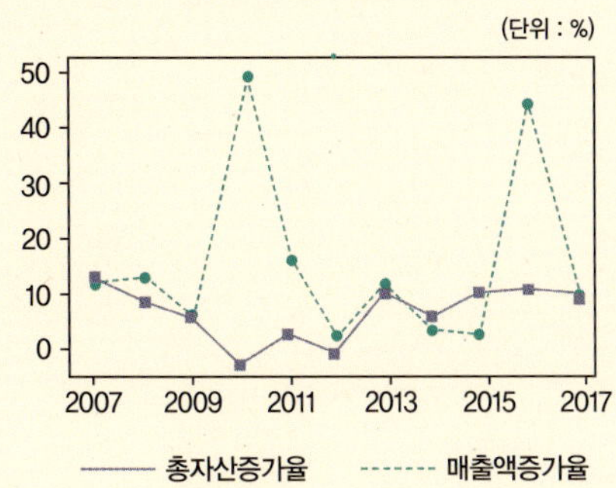

성장성 : 제과점업

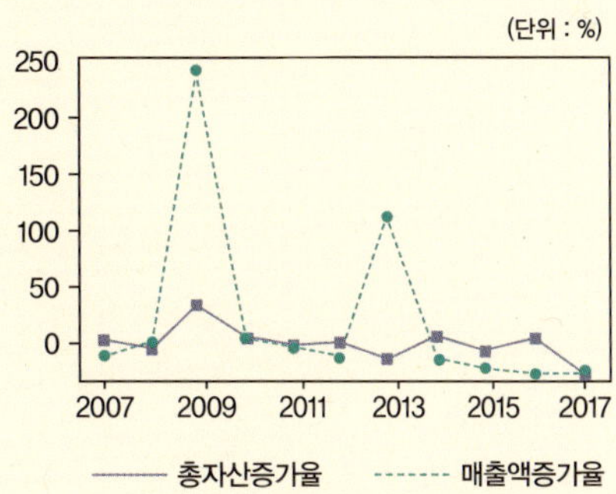

성장성 : 피자 · 햄버거 · 샌드위치 및 유사 음식점업

출처 : 최규완 외(2018).

Activity 10-1 외식기업의 성장성 분석

다음 빙수전문점의 2016년, 2017년 재무제표를 보고, 2017년 기준 성장성을 분석해 보시오.

(단위 : 백만 원)

구분		2016년	2017년
재무상태표	유동자산	17,647	17,962
	당좌자산	17,588	17,842
	재고자산	120	120
	비유동자산	3,047	3,047
	투자자산	1,198	1,163
	유형자산	434	479
	무형자산	45	27
	자산총계	21,045	21,009
	유동부채	5,218	4,757
	비유동부채	42	0
	자본	15,785	16,252
	부채와 자본총계	21,045	21,009
손익계산서	매출액	9,588	11,717
	매출원가	1,508	2,989
	매출총이익	8,080	8,782
	판매비및관리비	7,802	7,769
	영업이익	277	1,013
	법인세비용차감전순이익	473	1,106
	법인세비용	126	681
	당기순이익	347	426

1. 총자산증가율을 계산하고, 의미하는 바를 설명하시오.

2. 매출액증가율을 계산하고, 의미하는 바를 설명하시오.

2) 수익성에 대한 지표

수익성 비율은 일정 기간 동안 기업이 올린 경영성과를 나타내는 비율을 말한다. 투자된 자본 또는 자산, 매출 수준에 비해 1년 동안 얼마나 많은 이익을 올리고 있는지를 파악하기 위한 것이다. 기업이 자금을 얼마나 효율적으로 운영하였는지, 이익창출능력은 어느 정도인지를 파악해볼 수 있으며, 따라서 투자자, 경영자, 채권자 등 이해관계자들이 의사결정을 할 때 가장 중요하게 참고할 수 있는 지표이다.

표 10-2 수익성 비율

지표	내용	공식
총자산순이익률	기업이 일정 기간 확보한 총자산에 대한 당기순이익의 비율로, 기업이 자산을 얼마나 효율적으로 운용했는지 판단하는 지표	$\frac{\text{당기순이익}}{\text{총자산}} \times 100$
자기자본순이익률	자기자본에 대한 기업이 일정 기간 벌어들인 당기순이익의 비율로, 투자된 자기자본의 효율적인 이용 정도를 판단하는 지표	$\frac{\text{당기순이익}}{\text{자기자본}} \times 100$
매출액영업이익률	영업이익을 매출액으로 나눈 것으로 기업의 주된 영업활동에 의한 성과를 판단하기 위한 지표	$\frac{\text{영업이익}}{\text{매출액}} \times 100$
매출액순이익률	매출액에 대한 당기순이익의 비율로, 기업의 영업활동과 재무활동을 모두 포함하여 경영 성과를 판단하기 위한 지표	$\frac{\text{당기순이익}}{\text{매출액}} \times 100$

읽을거리 외식기업의 재무 비율 분석 : 수익성 비율

- 한국은행에서 매년 발간하는 〈기업경영 분석〉을 근거로 2007~2017년 수익성 지표를 산출한 결과 외식업의 수익성 지표는 2014년 기점으로 모두 큰 폭으로 감소하고 있다.
- 외식업의 총자산순이익률은 상대적으로 큰 폭의 증가와 하락을 반복하다가 2014년부터 꾸준히 하락세를 보이고 있다.
- 제조업의 자기자본순이익률은 일정한 수준 지속적으로 성장한 데 비해, 외식업은 2007년을 기점으로 대폭 성장하다가 감소하는 추세를 보였다. 2017년에는 다시 제조업을 앞서고 있다.
- 외식업의 매출액영업이익률은 2010년 이후 꾸준히 하락하고 있다.
- 외식업의 매출액순이익률은 제조업 대비 꾸준히 높은 성장률을 나타내고 있었으나 2015년부터 순손실을 기록하고 있다.
- 한식 음식점업은 자기자본순이익률의 변동폭이 상대적으로 크고, 그 외 수익성지표들은 일정한 수준으로 유지되고 있다.
- 제과점업은 2009년 전반적인 수익성지표의 최저점을 기록한 후, 지속적으로 수익성이 개선되고 있다.

수익성 비율 : 전체

(단위 : %)

비율	2007	2008	2009	2010	2011	2012	2013	2014	2015	2016	2017
외식업 평균											
총자산순이익률	5.08	3.26	7.00	10.79	8.22	7.82	6.35	8.12	3.27	3.27	1.02
자기자본순이익률	−10.57	3.91	23.97	27.31	23.27	20.48	12.85	23.12	2.81	4.85	7.26
매출액영업이익률	5.79	4.32	4.02	6.24	5.76	5.68	5.28	4.98	1.58	2.67	2.50
매출액순이익률	3.12	1.54	4.13	3.60	4.20	4.16	2.90	3.46	−0.22	−0.13	−0.09
제조업 평균											
총자산순이익률	3.87	1.71	30.2	3.93	3.42	2.91	3.07	2.39	2.50	2.87	1.78
자기자본순이익률	9.77	3.55	6.69	10.56	9.56	7.79	7.90	5.98	6.62	7.49	3.99
매출액영업이익률	2.28	2.35	2.63	3.08	2.88	1.91	2.19	1.75	1.86	2.03	1.22
매출액순이익률	1.42	0.23	0.52	1.03	0.94	0.34	0.93	0.26	0.39	0.57	−0.43

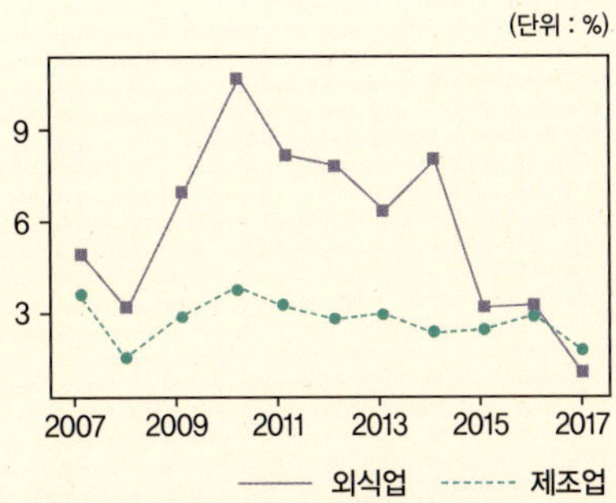

총자산순이익률 : 전체

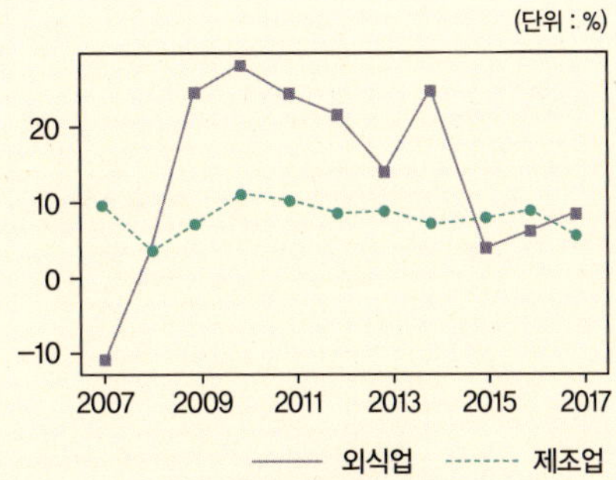

자기자본순이익률 : 전체

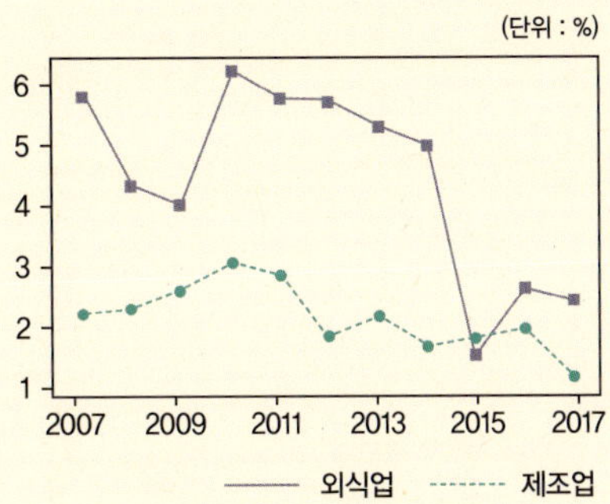

매출액영업이익률 : 전체

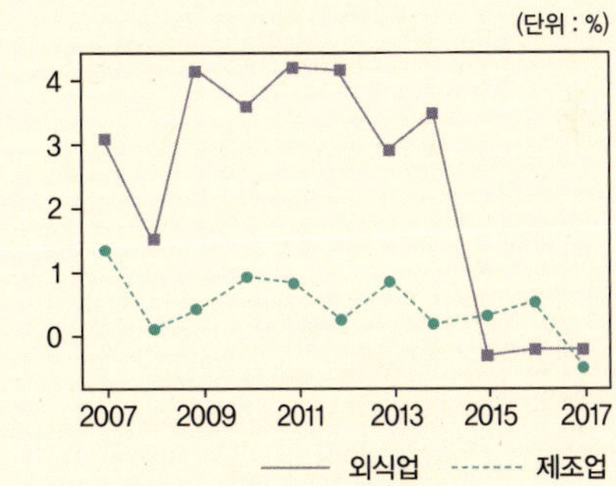

매출액순이익률 : 전체

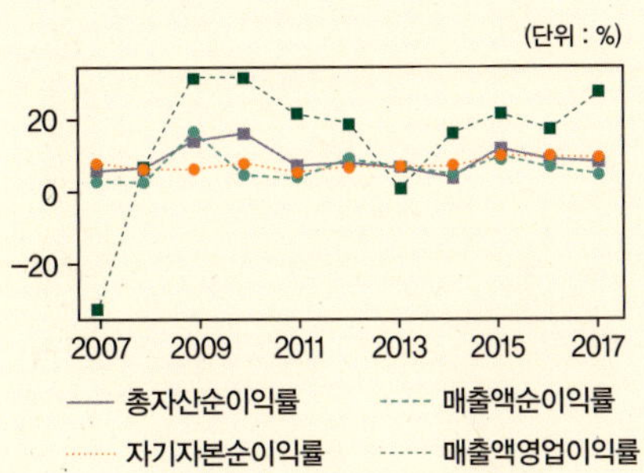

수익성 : 한식 음식점업

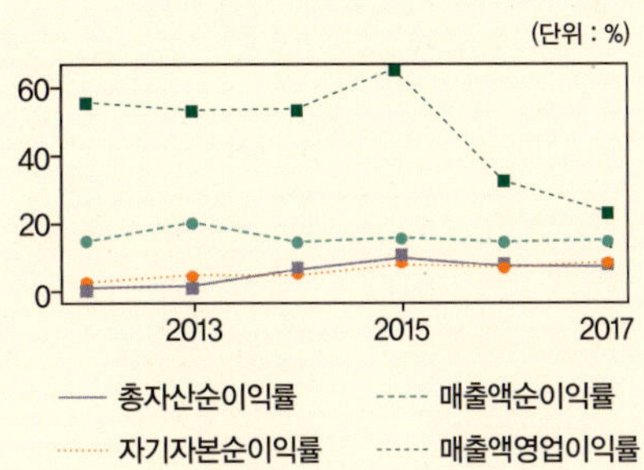

수익성 : 중식 음식점업

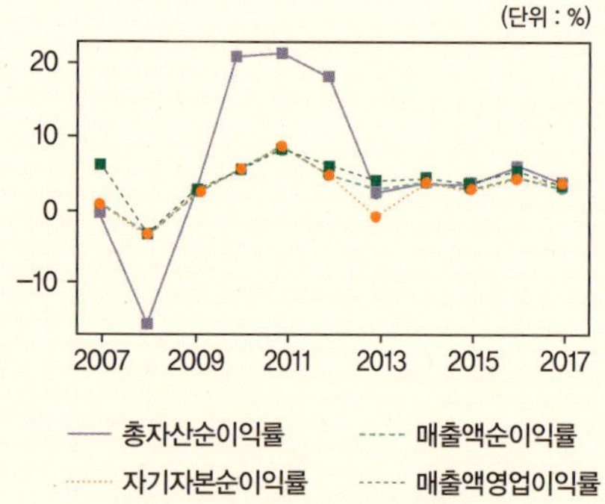

수익성 : 일식 음식점업

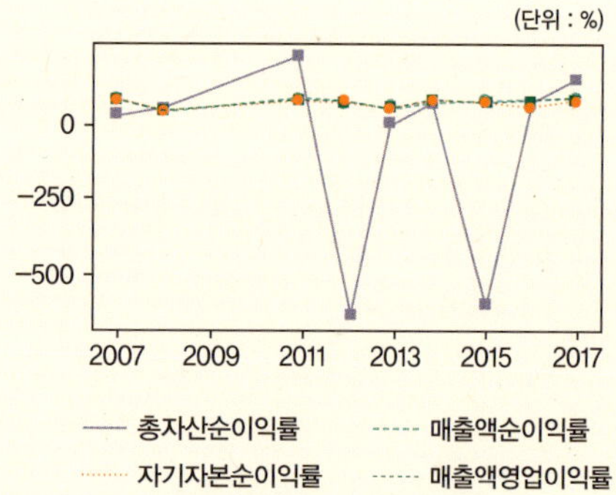

수익성 : 서양식 음식점업

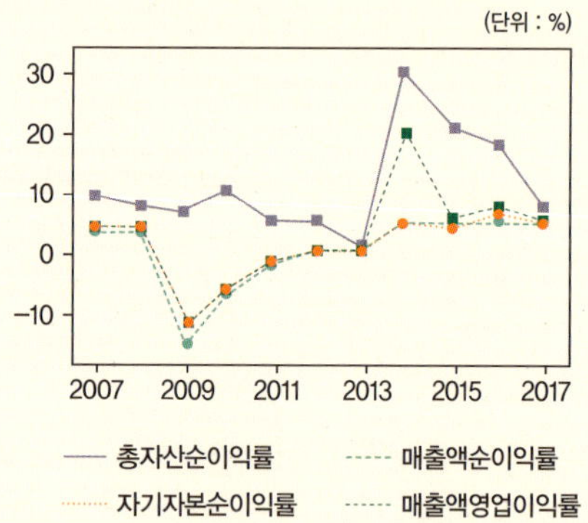

수익성 : 제과점업

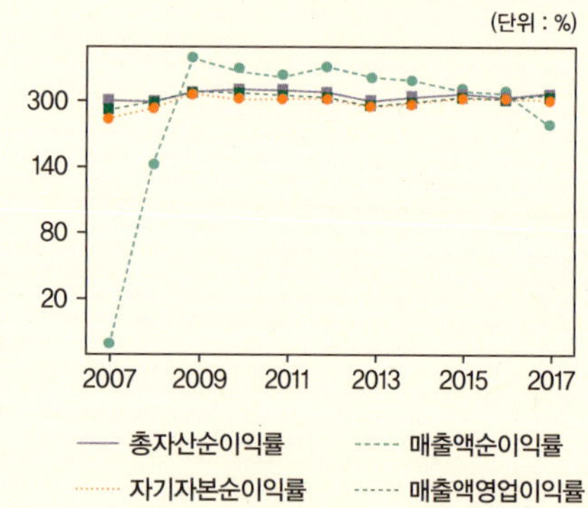

수익성 : 피자 · 햄버거 · 샌드위치 및 유사 음식점업

출처 : 최규완 외(2018).

Activity 10-2 외식기업의 수익성 분석

다음 빙수전문점의 2016년, 2017년 재무제표를 보고, 2017년 기준 수익성을 분석해 보시오.

(단위 : 백만 원)

구분		2016년	2017년
재무상태표	유동자산	17,647	17,962
	당좌자산	17,588	17,842
	재고자산	120	120
	비유동자산	3,047	3,047
	투자자산	1,198	1,163
	유형자산	434	479
	무형자산	45	27
	자산총계	21,045	21,009
	유동부채	5,218	4,757
	비유동부채	42	0
	자본	15,785	16,252
	부채와 자본총계	21,045	21,009
손익계산서	매출액	9,588	11,717
	매출원가	1,508	2,989
	매출총이익	8,080	8,782
	판매비및관리비	7,802	7,769
	영업이익	277	1,013
	법인세비용차감전순이익	473	1,106
	법인세비용	126	681
	당기순이익	347	426

1. 총자산순이익률을 계산하고, 의미하는 바를 설명하시오.
2. 자기자본순이익률을 계산하고, 의미하는 바를 설명하시오.
3. 매출액영업이익률을 계산하고, 의미하는 바를 설명하시오.
4. 매출액순이익률을 계산하고, 의미하는 바를 설명하시오.

3) 안정성에 대한 지표

유동성 비율은 기업의 재무 위험을 측정하는 지표로, 단기부채에 대한 상환능력을 평가하고 경기변동이나 시장 여건의 변화에 대한 대응력이 있는지 여부를 판단하는 지표이다. 일반적으로 유동 비율은 200% 이상, 당좌 비율은 100% 이상이면 지급능력이 안정적이고, 부채 비율은 100% 이하인 경우 양호하다고 해석할 수 있다.

표 10-3 안정성 지표

지표	내용	공식
유동 비율	단기채무에 충당할 수 있는 유동자산이 얼마나 되는가를 평가하여 기업의 단기지급능력을 판단하는 지표	$\frac{\text{유동자산}}{\text{유동부채}} \times 100$
당좌 비율	유동부채에 대한 당좌자산의 비율로, 유동자산 중 현금화의 불확실성이 높은 재고자산을 제외하고 기업의 단기지급능력을 판단하는 지표	$\frac{\text{당좌자산}}{\text{유동부채}} \times 100$
현금 비율	유동부채에 대한 현금 및 현금성자산의 비율로, 당좌자산 중 현금 및 현금성자산으로 유동부채를 상환할 수 있는 초단기 채무지급능력을 판단하는 지표	$\frac{\text{현금 및 현금성자산}}{\text{유동부채}} \times 100$
부채 비율	기업의 자금조달원천 중 타인자본과 자기자본 간의 구성비를 나타내는 지표로, 이 비율이 낮을수록 재무구조가 건전하다고 판단	$\frac{\text{부채}}{\text{자기자본}} \times 100$

읽을거리

외식기업의 재무 비율 분석 : 안정성 비율

- 한국은행에서 발간하는 〈기업경영 분석〉 자료를 토대로 2007~2017년 유동성 비율을 산출한 결과 외식업의 유동성 비율은 제조업의 유동성 비율에 비해 전반적으로 낮은 추이를 보였으나 점차 격차가 좁아지고 있다.
- 현금 비율의 경우, 외식업이 제조업에 비해 평균적으로 약 2배 이상 상회하는 것으로 나타났다. 업계특성상 현금의 유입이 많고 회전이 빠르기 때문인 것으로 볼 수 있다.
- 특히, 중식 음식점업의 경우 2017년 유동 비율이 37.30%, 당좌 비율 32.51%, 현금 비율 48.92%로 타 업종에 비해 단기채무능력이 부진한 것을 알 수 있다.

안정성 비율 : 전체

(단위 : %)

비율	2007	2008	2009	2010	2011	2012	2013	2014	2015	2016	2017
외식업 평균											
유동 비율	83.85	69.90	65.02	96.94	89.79	101.15	96.36	103.96	144.31	144.89	158.26
당좌 비율	70.16	57.50	53.59	83.58	72.38	85.00	85.74	93.28	130.53	129.98	144.04
현금 비율	24.50	21.86	25.28	32.19	24.06	24.99	22.87	22.18	25.56	26.29	25.94
제조업 평균											
유동 비율	164.59	158.84	157.73	152.01	153.26	164.45	169.46	171.91	175.13	182.91	188.3
당좌 비율	124.95	118.24	120.71	114.03	112.97	122.50	128.70	130.94	134.18	141.47	145.7
현금 비율	9.58	10.56	11.17	10.54	10.75	11.47	12.51	12.86	14.41	15.05	15.1

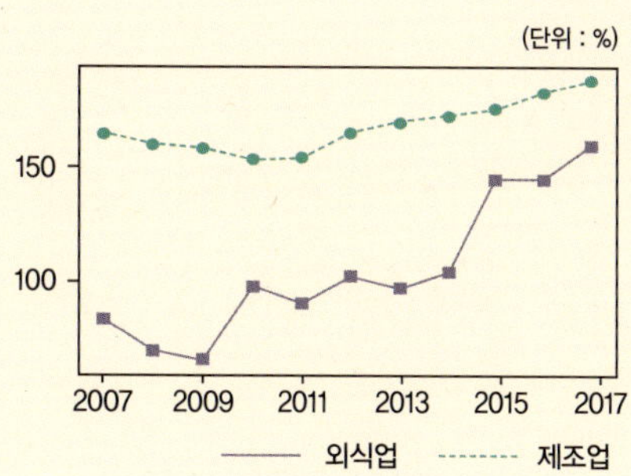

유동 비율 : 전체

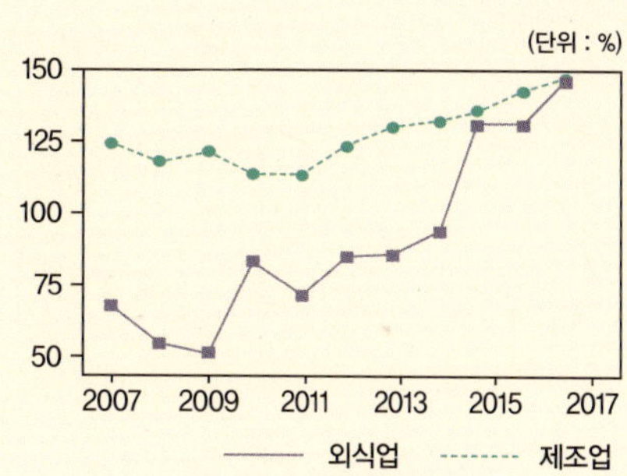

당좌 비율 : 전체

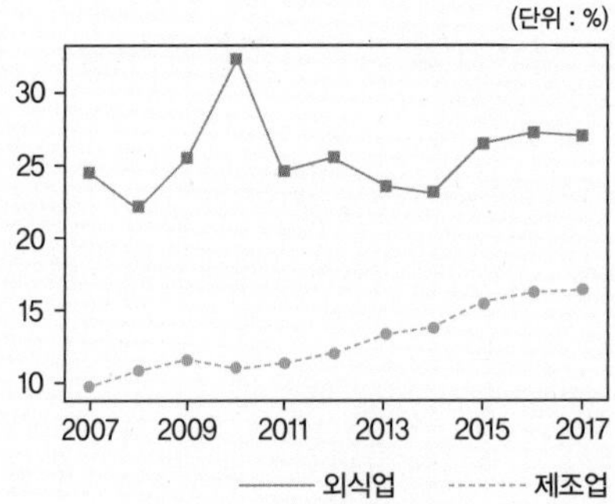

현금 비율 : 전체

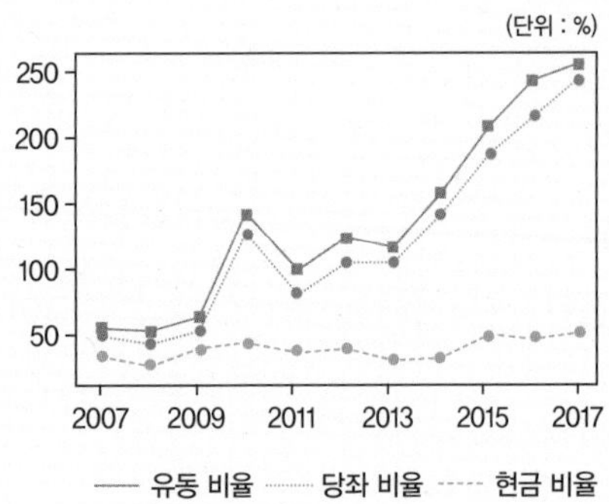

유동성 비율 : 한식 음식점업

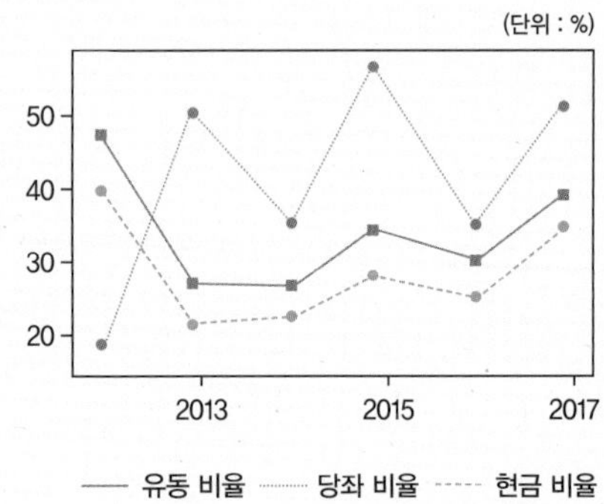

유동성 비율 : 중식 음식점업

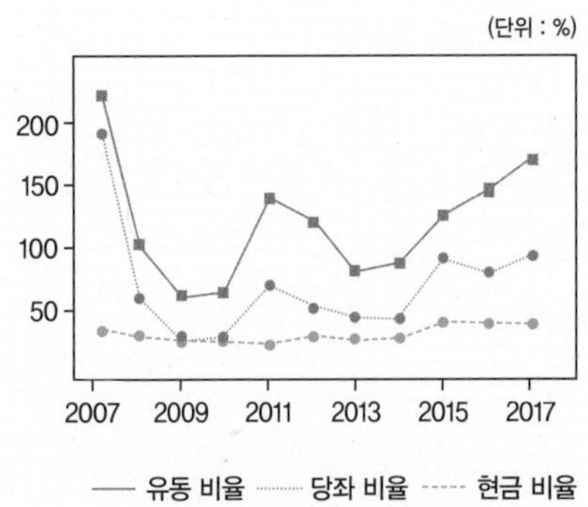

유동성 비율 : 일식 음식점업

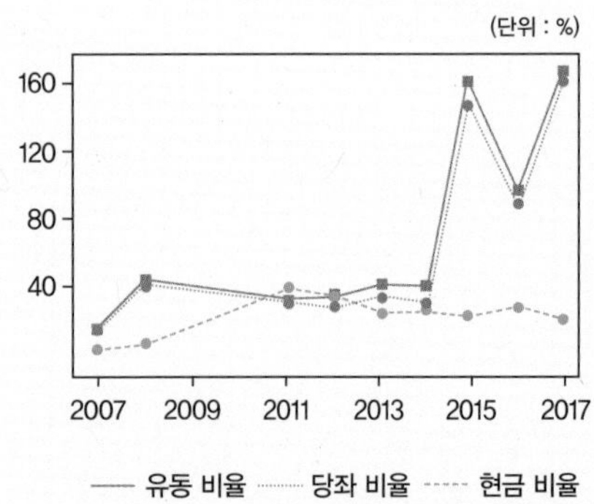

유동성 비율 : 서양식 음식점업

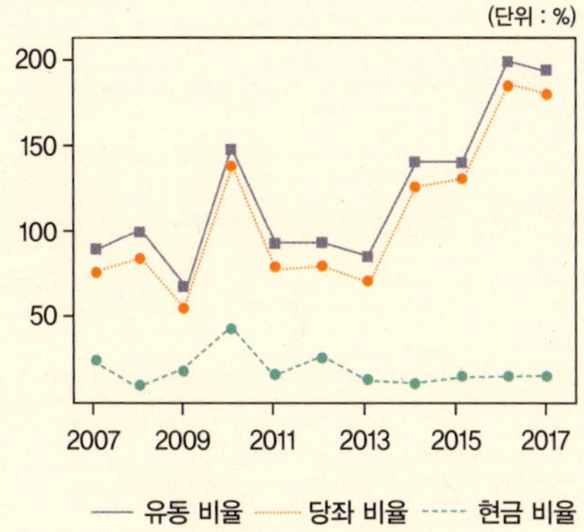

유동성 비율 : 제과점업

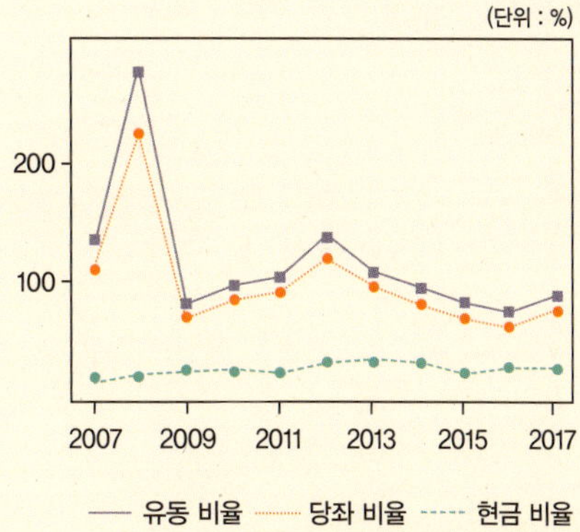

유동성 비율 : 피자 · 햄버거 · 샌드위치 및 유사 음식점업

출처 : 최규완 외(2018).

Activity 10-3 외식기업의 안정성 분석

다음 빙수전문점의 2016년, 2017년 재무제표를 보고, 2017년 기준 안정성을 분석해 보시오.

(단위 : 백만 원)

구분		2016년	2017년
재무상태표	유동자산	17,647	17,962
	당좌자산	17,588	17,842
	재고자산	120	120
	비유동자산	3,047	3,047
	투자자산	1,198	1,163
	유형자산	434	479
	무형자산	45	27
	자산총계	21,045	21,009
	유동부채	5,218	4,757
	비유동부채	42	0
	자본	15,785	16,252
	부채와 자본총계	21,045	21,009
손익계산서	매출액	9,588	11,717
	매출원가	1,508	2,989
	매출총이익	8,080	8,782
	판매비및관리비	7,802	7,769
	영업이익	277	1,013
	법인세비용차감전순이익	473	1,106
	법인세비용	126	681
	당기순이익	347	426

1. 유동비율을 계산하고, 의미하는 바를 설명하시오.
2. 당좌비율을 계산하고, 의미하는 바를 설명하시오.
3. 부채비율을 계산하고, 의미하는 바를 설명하시오.

Activity 10-4 재무 비율 분석을 통한 의사결정

1. 외식기업의 수익성을 개선하기 위한 방법을 생각해 보시오.

2. 외식기업의 성장성을 개선하기 위한 방법을 생각해 보시오.

3. 외식기업의 안정성을 개선하기 위한 방법을 생각해 보시오.

읽을거리

10년간 외식기업 매출액 연평균 10.0% 증가, 영업이익 -2.0% 하락

국내 외식산업이 지난 10년간 매출액을 늘리는 데 성공했지만, 영업이익은 오히려 줄어든 것으로 나타났다. 양적으로 성장했지만, 질적 성장에는 실패했다는 의미로 해석된다.

한국외식산업연구원이 통계청 등 자료를 분석해 10일 발표한 '양적 성장에 가려진 외식산업 10년사의 민낯'에 따르면 국내 외식산업 사업체 수와 매출액은 2008년 각각 57만 6,900개, 64조 7,000억 원에서 2017년에는 69만 1,700억 원, 128조 3,000억 원으로 모두 증가했다. 사업체 수는 매년 약 2%씩, 매출액은 연평균 약 10%씩 늘어난 셈이다.

그러나 영업이익은 감소했다. 2008년 14조 8,300억 원이던 영업이익은 2017년 11조 1,000억 원으로 줄어들었다. 연평균으로 따지면 매년 약 2%씩 줄어든 결과다. 사업체당 영업이익과 영업이익률도 2008년 2,570만 원, 22.9%에서 2017년 1,610만 원, 8.7%로 감소했다.

국내 외식산업이 질적 성장을 이루어 내지 못한 이유를 시장 정체, 과도한 경쟁 등으로 분석했다. 외식 물가는 꾸준히 상승하는 데 반해 경기 불황으로 인해 외식에 지출하는 돈은 크게 늘지 않았고, 주요 국가와 비교할 때 비정상적으로 외식 사업체가 많다는 의미다. 2017년 기준 우리나라는 인구 1만 명당 외식업체 수가 125.4개였다. 이는 미국(20.8개), 중국(66.4개), 일본(58.3개)과 비교할 때 최대 5배나 많은 수치다.

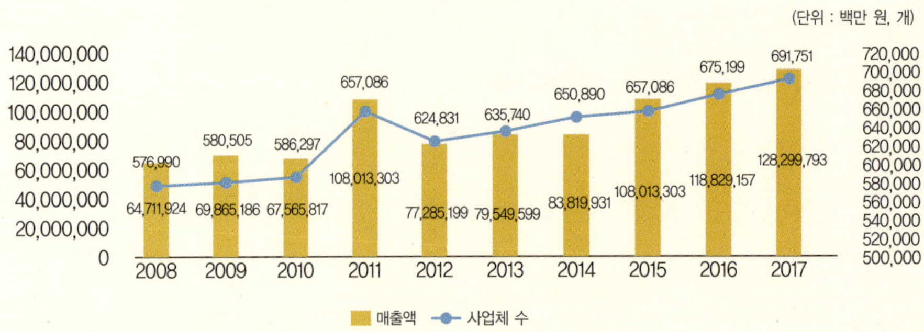

외식산업 사업체 수 · 매출액 추이

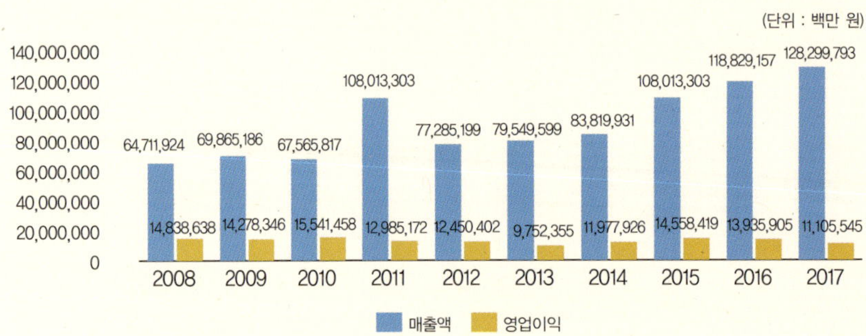

외식산업 매출액 · 영업이익 추이

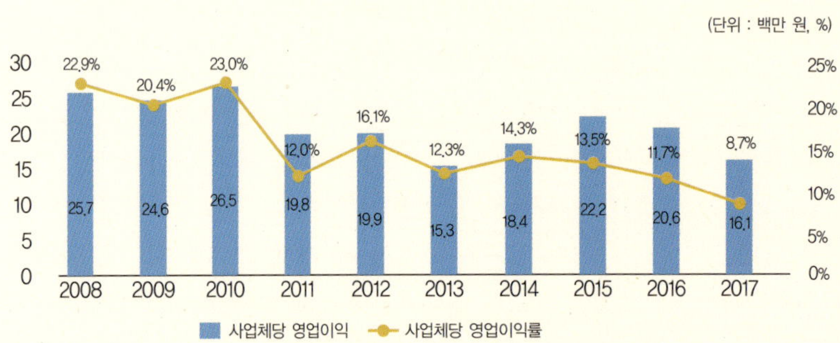

외식산업 사업체당 영업이익 · 영업이익률 추이

출처 : 음식과 사람(2019. 6).

읽을거리 아마존이 실패한 사업, '음식배달' 서비스 중단

세계 최대 전자상거래업체 아마존은 '아마존 레스토랑'사업을 철수하기로 결정했다. '아마존 레스토랑'은 2015년 출시된 아마존의 음식배달 서비스이다. 아마존은 점심배달 서비스인 '데일리 디시'에 대한 서비스도 종료하기로 했다. 아마존은 2015년 본사가 있는 시애틀에서 음식배달 서비스를 시작하여 미국 내 25개 시로 사업을 확대하고 2016년에는 영국에서도 사업을 전개하였으나 성장률이 기대에 미치지 못하였다.

시장조사업체 에디슨 트렌드에 따르면 미국 음식배달 서비스 시장의 약 80%를 도어대쉬, 그럽허브, 우버이츠 3사가 점유하고 있으며, 아마존은 강력한 경쟁자들에 밀려 시장확보율을 높이지 못하고 사업을 정리하게 되었다. 음식배달 서비스 사업은 빠르게 성장하고 있으나 경쟁이 치열하고 수익성을 높이기 쉽지 않은 상황이다. 경쟁자인 음식배달 서비스 전문기업들은 시장에 안착하기 위해 막대한 투자금을 유치하여 공격적으로 시장점유율을 높이고 있는 상황이다.

미국에서 음식배달 서비스 사업을 주도하고 있는 다른 회사들도 경쟁력을 강화하기 위해 적극적인 움직임을 보이고 있다. 샌프란시스코 소재의 음식배달 서비스 기업인 도어대쉬는 펀딩 라

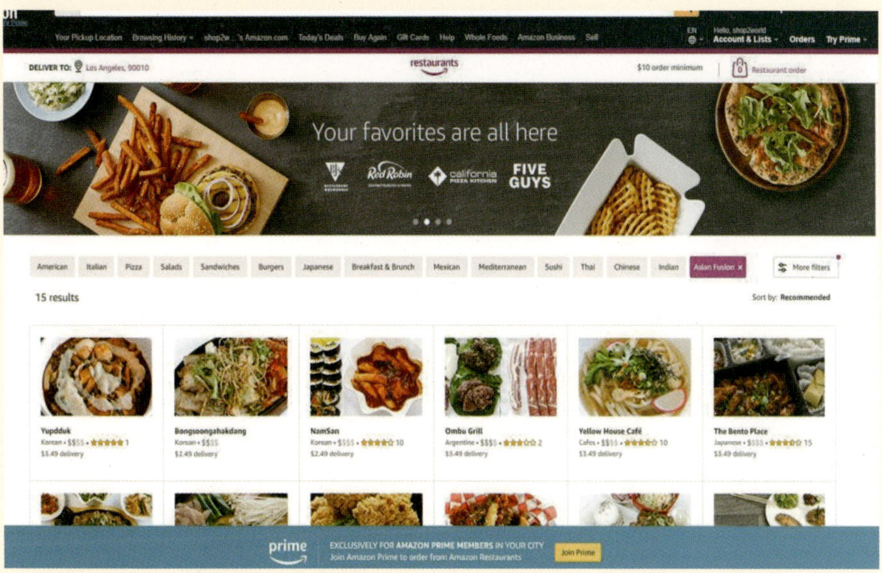

운드를 통해 10억 달러를 유치했고 또 다른 업체인 포스트메이트도 7억 달러를 확보했다. 우버가 운영하는 우버이츠는 2019년 1분기 매출이 69% 증가하였으나 영업이익에 영향을 줄 수 있는 수수료율을 12.4%에서 7.8%로 낮추었다. 시카고 소재의 그럽허브의 1분기 매출도 전분기 대비 78% 감소하였다.

음식배달 서비스 시장에 다양한 경쟁자들이 등장하면서 시장점유율을 확보하려는 치열한 경쟁이 벌어지고 있어 각 사가 경쟁력을 높이고 매출과 순이익을 높이기 위한 방법 마련에 고심하고 있다.

출처 : 머니투데이(2019. 6. 12).

Activity 정답

CHAPTER 2

Activity 2-1 답

1. 고정종업원 인건비, 임차료, 감가상각비

2. 6,000,000원 + 1,000,000원 + 5,000,000원 = 12,000,000원

3. 12,000,000원 ÷ 30,000,000원 = 0.4

Activity 2-2 답

밀가루, 설탕 등 제빵 재료비	통제 가능원가
세금	통제 불가능원가
매장 전기 요금	통제 가능원가
매장 아르바이트생 급여	통제 가능원가
로스팅 기계 감가상각비	통제 불가능원가
매장 임차료	통제 불가능원가

Activity 2-3 답

1. 1) 1,350원
   2) 1,350원 + (1,350 × 10%) = 1,485원

2. 판매가격 = 총원가 + 판매이익
   = (판매관리비 + 제조원가) + 판매이익
   1,200,000 = 판매관리비 + (400,000 + 100,000 + 350,000) + 200,000
   ∴ 150,000원

CHAPTER 3

Activity 3-1 답

1. 3,500,000원 + 6,300,000원 − 2,500,000원 = 7,300,000원

2.

돼지 등뼈	2kg	(5,000)원
감자	200g	(900)원
우거지	300g	(1,800)원
무청	80g	(400)원
들깻가루	40g	(240)원
대파	50g	(100)원
깐마늘	30g	(60)원
된장	40g	(60)원
생강	10g	(30)원
고춧가루	60g	(120)원
깻잎	20g	(120)원
총식재료비 (8,830)원		

Activity 3-2 답

1. 스테이크 식재료비 비율 = $\frac{6{,}000\text{원}}{12{,}000\text{원}} \times 100 = 50\%$

2. 스테이크 식재료비 비율 = $\frac{6{,}000\text{원}}{\text{판매가}} \times 100 = 40\%$

   스테이크 판매가 = 15,000원

Activity 3-3 답

1.

750×480 = 360,000	360,000−384,000 = −24,000	800×480 = 384,000	384,000−368,000 = 16,000	800×460 = 368,000

2. 가격 차이는 유리한 차이, 능률 차이는 불리한 차이임

CHAPTER 4

Activity 4-1 답

1. $\frac{600g}{3,000g} = 0.2$

2. $\frac{300g}{2,000g} = 0.15$

Activity 4-2 답

1. $\frac{3,000g - 600g}{3,000g} = 0.8$

2. 100% − 20% = 80%

Activity 4-3 답

1. 가식부 단가 $= \frac{10,000}{0.8} =$ 12,500원

2. 12,500원 − 10,000원 = 2,500원

3. 가식부 단가 $= \frac{20,000}{0.8} =$ 25,000원

Activity 4-4 답

1. 1,512원 × 0.08kg = 121원

2. 1,374원 × 0.07kg = 96원

CHAPTER 5

Activity 5-1

800,000원 ÷ (1명 × 11시간 + 1명 × 9시간) = 40,000원

Activity 5-2 답

1,000명 ÷ (3명 × 8시간 + 7명 × 5시간) = 16.9명/시간

Activity 5-3 답

(6시간 × 5일 × 7,000원) ÷ 5 = 42,000원

Activity 5-4 답

1. (5시간 × 6일 × 7,530원) ÷ 5 = 45,180원

2. 아르바이트수당 : (5시간 × 6일 × 7,530원) × 4주 = 903,600원
   주휴수당 : 45,180원 × 4주 = 180,720원
   ∴ 903,600원 + 180,720원 = 1,084,320원

3. 2018년 최저임금 7,530원 ×209시간 = 1,573,700원
   A씨의 월급은 1,500,000원이므로 최저임금기준에 저촉된다.

4. 최저시급기준 월급 8,350원 × 209시간 =1,745,150원
   A씨는 최소한 1,745,150원 이상으로 임금을 인상해야 한다.
   2년 경력자임을 고려하여 이보다는 높은 임금을 지급해야 할 것이다.

5. 4주 아르바이트수당 : (5시간 × 6일 × 8,350원) × 4주 = 1,002,000원
   주휴수당 : 1,002,000 ÷ 5 = 200,400원
   ∴ 1,002,000원 + 200,400원 = 1,202,400원
   B씨는 1,202,400원 - 1,084,320원 = 118,080원 인상되어야 한다.

CHAPTER 6

Activity 6-1 답

메뉴	판매량	단가	매출액
스테이크	15	35,000	525,000
샐러드	12	12,000	144,000
음료	16	4,000	64,000
합계			733,000

(15개 × 35,000원) + (12개 × 12,000원) + (16개 × 4,000원) = 733,000원

Activity 6-2 답

1. 1,200,000원 ÷ 80명 = 15,000원

2. 20,000원 × 65명 = 1,300,000원

Activity 6-3 답

총고객 수 = 50석 × 70% × 3 = 105명
일 예상 매출액 = 105명 × 10,000원 = 1,050,000원

Activity 6-4 답

메뉴	총고객 수	메뉴 선택 비율(%)	단가	매출액
주메뉴	300	80	10,000	2,400,000
부메뉴	300	40	4,000	480,000
샐러드	300	70	3,000	630,000
합계				3,510,000

Activity 6-5 답

총고객 수 = 50 × 0.5 × 4 = 100명

메뉴	총고객 수	메뉴 선택 비율(%)	평균단가	매출액
주메뉴	100	60	10,000	600,000
부메뉴	100	30	5,000	150,000
샐러드	100	50	3,000	150,000
합계				900,000

CHAPTER 7

Activity 7-1 답

1. 공헌이익 = 매출액 − 변동비
   = 10,000,000 − 4,000,000
   = 6,000,000

$$공헌이익률 = \frac{6,000,000}{10,000,000} \times 100 = 60\%$$

2. 단위당 공헌이익 = 단위당 가격 − 단위당 변동비(재료비) = 5,000 − 1,500 = 3,500

$$단위당\ 공헌이익률 = \frac{3,500}{5,000} \times 100 = 70\%$$

총공헌이익 = 총매출액 − 총변동비 = (5,000 × 10,000) − (1,500 × 10,000) = 35,000,000

$$총공헌이익률 = \frac{35,000,000}{50,000,000} \times 100 = 70\%$$

Activity 7-2 답

1. 16만 원(2명 인건비) + 4만 원(경비) + 10만 원(임대료) = 30만 원/일

2. 재료비 : 20만 원(40만 원 × 50% = 20만 원)
   고정비 : 30만 원
   이익 : −10만 원(40만 원 − 20만 원 − 30만 원 = −10만 원)

3. 재료비 : 30만 원(60만 원 × 50% = 30만 원)
   고정비 : 30만 원
   이익 : 0원(60만 원 − 30만 원 − 30만 원 = 0원)

4. 재료비 : 40만 원(80만 원 × 50% = 40만 원)
   고정비 : 30만 원
   이익 : 10만 원(80만 원 − 40만 원 − 30만 원 = 10만 원)

5.

일 매출액	0원	40만 원	60만 원	80만 원	비고
변동비(재료비)	0원	20만 원	30만 원	40만 원	매출액의 50%
고정비	30만 원	30만 원	30만 원	30만 원	인건비 + 경비 + 임차료
총비용	30만 원	50만 원	60만 원	70만 원	변동비 + 고정비
이익	−30만 원	−10만 원	0원	10만 원	매출액 − 총비용
공헌이익	0원	20만 원	30만 원	40만 원	매출액 − 변동비
판매량	0개	67개	100개	133개	매출액/객단가

6.

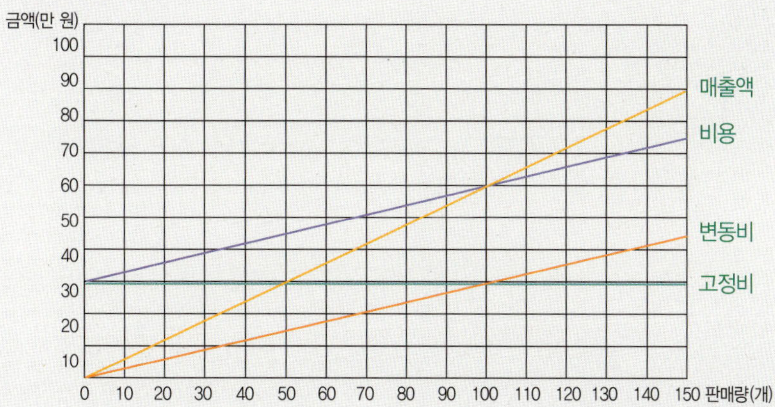

Activity 7-3 답

1. 480만 원(2명 인건비) + 120만 원(경비 4만 원 × 30일) + 300만 원(임대료)
   = 900만 원/월

2. 월 매출액 : 40만 원 × 30일 = 1,200만 원
   재료비 : 600만 원(1,200만 원 × 50% = 600만 원)
   고정비 : 900만 원
   이익 : –300만 원(1,200만 원 – 600만 원 – 900만 원 = –300만 원)

3. 월 매출액 : 60만 원 × 30일 = 1,800만 원
   재료비 : 900만 원(1,800만 원 × 50% = 900만 원)
   고정비 : 900만 원
   이익 : 0만 원(1,800만 원 – 900만 원 – 900만 원 = 0원)

4. 월 매출액 : 80만 원 × 30일 = 2,400만 원
   재료비 : 1,200만 원(2,400만 원 × 50% = 1,200만 원)
   고정비 : 900만 원
   이익 : 300만 원(2,400만 원 – 1,200만 원 – 900만 원 = 300만 원)

5.

월 매출액	0원	1,200만 원	1,800만 원	2,400만 원	비고
변동비(재료비)	0원	600만 원	900만 원	1,200만 원	매출액의 50%
고정비	900만 원	900만 원	900만 원	900만 원	인건비 + 경비 + 임차료
총비용	900만 원	1,500만 원	1,800만 원	2,100만 원	변동비 + 고정비
이익	–900만 원	–300만 원	0원	300만 원	매출액 – 총비용
공헌이익	0원	600만 원	900만 원	1,200만 원	매출액 – 변동비
판매량	0개	2,000개	3,000개	4,000개	매출액/객단가

6.

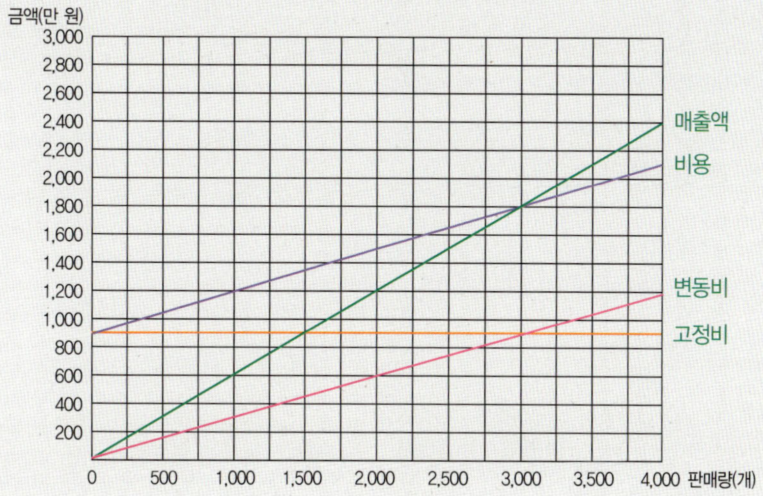

Activity 7-4 답

1. $\text{판매량} = \dfrac{\text{고정비}}{\text{단위당 판매 가격} - \text{단위당 변동비}}$

$\text{변동비} = 2{,}000\text{원} \times 40\% = 800\text{원}$

$\text{공헌이익} = 2{,}000 - 800 = 1{,}200\text{원}$

$\text{손익분기점 판매량} = \dfrac{6{,}000{,}000\text{원}}{1{,}200\text{원}} = 5{,}000\text{개}$

2. $\text{손익분기점 매출액} = \dfrac{\text{고정비}}{\text{공헌이익률}}$

$\text{공헌이익률} = 100\% - 40\% = 60\%$

$\text{고정비} = 2{,}100{,}000 + 2{,}000{,}000 + 1{,}000{,}000 + 1{,}500{,}000$
$= 6{,}600{,}000\text{원}$

$\text{손익분기점 매출액} = \dfrac{6{,}600{,}000}{0.6}$
$= 11{,}000{,}000\text{원}$

3. 손익분기점 매출액 = 고정비/(1 − 변동비율) = 고정비/{1 − (식재료비 + 변동비)/매출액}

$\text{변동비율} = \dfrac{16{,}000{,}000 + 2{,}600{,}000}{40{,}000{,}000} = 0.465$

$= \dfrac{11{,}000{,}000}{(1 - 0.465)} = 20{,}560{,}748$

Activity 7-5 답

1. $$목표이익\ 매출액 = \frac{고정비 + 목표이익}{공헌이익률} = \frac{6{,}000{,}000원 + 9{,}000{,}000원}{60\%} = \frac{15{,}000{,}000원}{60\%} = 25{,}000{,}000원$$

2. $$목표이익\ 판매량 = \frac{고정비 + 목표이익}{공헌이익} = \frac{2{,}000{,}000 + 1{,}500{,}000}{10{,}000 - 5{,}000} = 700병$$

CHAPTER 8

Activity 8-1 답

1. $$가격\ 팩터 = \frac{100}{35} = 2.86$$

   메뉴 가격 = 12,000원 × 2.86 = 34,320원

2. $$고객\ 1인당\ 평균\ 공헌마진 = \frac{2{,}000{,}000원 + 3{,}000{,}000원}{400명} = 1{,}250원$$

   메뉴 가격 = 1,000원 + 1,250원 = 2,250원

Activity 8-2 답

표 1에서 ABC 분석을 실시한 후, A그룹의 하위 메뉴와 B그룹의 메뉴에 대해 500원 정도의 가격인상을 실시하여 표 2에서는 약간의 매출액이 상승했음을 알 수 있다. A그룹의 상위 메뉴는 인기품목이기에 고객이 이 품목들의 가격은 기억하고 있을 가능성이 높기에 가격을 유지시키고 그 아래의 메뉴 가격을 약간 올려줌으로써 고객들이 가격상승에 대한 거부감을 덜 갖게 하는 가격전략을 실시하였다.

CHAPTER 9

Activity 9-1 답

1. (×) 2. (○) 3. (○)

4. (○) 5. (×)

Activity 9-2 답

자산 − 부채 = (200,000 + 500,000 + 2,000,000 + 1,000,000) − (300,000 + 700,000)
= 2,700,000원

Activity 9-3 답

총수익 − 총비용 = (30,000,000 + 1,000,000 + 500,000) − (6,000,000 + 10,000,000 + 300,000)
= 15,200,000원

Activity 9-4 답

1. 1) 60,000원 2) 120,000원 3) 90,000원

2. 차입금 (부채) 토지 (자산) 매출채권 (자산)
자본금 (자본) 이익잉여금 (자본) 건물 (자산)
대여금 (자산) 매입채무 (부채) 비품 (자산)

3. 매출액 − (임차료 + 급여 + 이자비용) = 30,000,000 − (3,000,000 + 15,000,000 + 2,000,000)
= 30,000,000 − 20,000,000
= 10,000,000원

CHAPTER 10

Activity 10-1 답

1. $\left(\frac{21,009}{21,045} \times 100\right) - 100 = -0.17$

2. $\left(\frac{11,717}{9,588} \times 100\right) - 100 = 22.76$

Activity 10-2 답

1. $\frac{426}{21,009} \times 100 = 2.02$

2. $\frac{426}{16,252} \times 100 = 2.62$

3. $\frac{1,013}{11,717} \times 100 = 8.65$

4. $\frac{426}{11,717} \times 100 = 3.64$

Activity 10-3 답

1. $\frac{17,962}{4,757} \times 100 = 377.59\%$

2. $\frac{17,842}{4,757} \times 100 = 375.07\%$

3. $\frac{4,757}{16,252} \times 100 = 29.27\%$

Activity 10-4 답

1. 매출 늘리기, 매출원가 줄이기, 판매관리비 줄이기, 영업외비용 줄이기 등

2. 제품 가격을 올려 매출액 상승시키기, 판매수량 증가 등

3. 부채 줄이기, 재고자산 줄이고 당좌자산을 늘리기 등

참고문헌

강경보, 반선섭, 김윤태, 박종성, 이은철(2013). IFRS 회계원리. 신영사.

강무근 외(2014). 관광외식 원가관리. 도서출판 효일.

구원일(2018). 호스피탈리티 식음료 원가관리. 북넷.

김동수, 송기옥(2015). 식음료원가관리론. 백산출판사.

나정기(2011). 식음료원가관리의 이해. 백산출판사.

박진우(2017). Foodservice Management 외식경영학. 형설출판사.

삼일회계법인(2015). 재무제표가 한눈에 보이는 회계원리. 삼일인포마인.

송수근, 백남길(2012). 외식조리원가관리. 백산출판사.

양경승(2017). 외식조리원가관리. 라온.

양일선 외(2016). 외식사업경영. 교문사.

어윤선(2015). 외식주방경영론. 대왕사.

원철식, 공기열(2012). 호스피탈리티 식음료 원가관리론. 석학당.

이진미(2019). NCS 외식원가관리. 백산출판사.

이혜숙, 우인애(2012). F&B 식음료경영론. 교문사.

임현철(2016). 외식프랜차이즈 실무. 한올.

진양호(2014). 호텔 & 외식산업 원가관리론. 지구문화사.

진양호, 정소윤(2016). 엑셀을 활용한 외식재무관리. 지식인.

최규완 외(2018). 외식기업 경영분석. 경희대학교출판문화원.

최정길, 정젤나(2017). 호텔외식산업 기초원가관리. 대왕사.

셰릴 루이스, 더글라스 R. 브라운, 샤론 풀렌, 엘리자베스 가드스마크(2010). Restaurant 원가관리 노하우. 백산출판사.

농림축산식품부, 한국농수산식품유통공사(2018). 2018년 외식산업경기전망지수 종합보고서. 한국농수산식품유통공사.

농림축산식품부, 한국농수산식품유통공사(2017). 프리미엄 외식시장 조사보고서. 한국농수산식품유통공사.

한국농촌경제연구원(2018). 2018 외식업 경영실태 조사 보고서. 농림축산식품부.

한국농촌경제연구원, 서울대학교(2018). 외식산업 경영형태 및 식재료 구매현황 심층분석 보고서. 농림축산식품부.

한국농촌경제연구원(2017). 2017 외식업체 식재료 구매현황 조사 보고서. 농림축산식품부.

한국외식산업연구원(2016). 외식업체 프랜차이즈와 비프랜차이즈의 사업성과 비교. 한국외식업중앙회, 한국외식산업연구원.

한국농수산식품유통공사(2018). 2018 외식산업 경영실태 현황 발표자료집. 한국농수산식품유통공사(2018).

찾아보기

ㅈ

ㅊ

저자 소개

백승희

연세대학교 생활과학대학 식품영양학과 학사
연세대학교 생활환경대학원 호텔 · 외식 · 급식경영전공 석사
연세대학교 대학원 식품영양학과 급식외식경영전공 박사
국방부 급양분야 정책자문위원 역임
University of Santo Tomas, Research Fellow 역임
CJ 주식회사 Food Service 사업부 근무
현재 신구대학교 호텔외식 F&B과(구 외식서비스경영전공) 부교수

신서영

연세대학교 생활과학대학 식품영양학과 학사
연세대학교 대학원 식품영양학과 급식외식경영전공 석사
연세대학교 대학원 식품영양학과 급식외식경영전공 박사
The HongKong Polytechnic University, School of Hotel & Tourism Management, Research Fellow 역임
연세대학교 생활환경대학원 호텔 · 외식 · 급식경영전공 객원교수 역임
중랑구 어린이급식관리지원센터 센터장
현재 서일대학교 식품영양학과 부교수

차성미

연세대학교 생활과학대학 식품영양학과 학사
연세대학교 대학원 식품영양학과 급식외식경영전공 석사
연세대학교 대학원 식품영양학과 급식외식경영전공 박사
농촌진흥청 국립농업과학원 농식품자원부 농업연구사 역임
국가직무능력표준(NCS) 표준 및 활용패키지 외식경영(외식운영관리) 개발위원
현재 한양여자대학교 외식산업과 부교수

Restaurant
Cost 외식원가관리
Management

2019년 9월 10일 초판 인쇄
2019년 9월 16일 초판 발행

지은이 | 백승희 · 신서영 · 차성미
발행인 | 유제구
발행처 | 도서출판 파워북
주 소 | 경기도 고양시 일산동구 호수로 358-25
동문타워2차 529호
전 화 | (02) 730-1412
F A X | (031) 908-1410
등 록 | 1997. 1. 31 제 2014-000067호
편 집 | 북스북스(hynho3196@nate.com)

정가 20,000원
ISBN 978-89-8160-405-9 (93590)